群れから逸れて
生きるための
自学自習法

向坂くじら
柳原浩紀

明石書店

死をふせぐことよりも、生きさせることが必要なのだ。

──ルソー『エミール（上）』より
（今野一雄訳 / 岩波文庫 / 40頁）

はじめに

なぜ勉強の方法を知る必要があるのか？

　勉強をしなさい。

と言われたら、どんなふうに思うだろうか。わたしならまず、死ね、と思うだろう。

　耳ざわりのいいことさえ言っていればこちらの行動をコントロールできると思うなよ、死ね。だいたい、先生の作ったテストでいい点を取るためだけに、先生に言われるまま勉強するなんてばかばかしい。言うことをすなおに聞く者ほど評価される仕組みがあらかじめ作られているわけで、それはつまり、こちらの将来のことなんか考えているフリをして、なにも考えずにえらいやつに従う人間を作りたいだけじゃないか。

　いや、そもそも、「勉強をしなさい」なんて言ってくるほうこそ、なんで勉強をしないといけないかわかっているんだろうか。自分だって、自分よりえらいやつに聞きかじったことを、そのまま真似しているだけなんじゃないか。

それに、勉強のできるできないや、学歴のあるなしで人間の価値が決まるもんか。教科の勉強なんかより知るべきことは、世の中にたくさんあるはずだ。それならいっそそんなことにとらわれず、自分の頭で考えたい。そうだ、それこそが本当の知性というものなんじゃないか。

　……わたしより賢明なあなたは、そこまでは思っていないかもしれない。誰かに命令されるのが嫌いなあまり、つい熱くなってしまった。
　けれどもそんなわたしが、あなたに、勉強をしてほしいと思っている。そしてそれが、どうすればあなたに伝わるだろうかと思っている。
　あなた。賢明で、簡単に人の言うことを聞かなくて、それでいてときに（わたしもまたそうであるように）どうしようもなく不まじめで、自分自身のままならなさに、自分でも手をやいているあなた。あなたに、なんと呼びかければいいだろうか。「学生」でも「勉強をしたい人」でも「人生に悩んでいる人」でも、その全部でも、それが総称である時点で、あなたはわたしの呼びかけを器用にすり抜けるだろう。あなた。安いごまかしはするどく見抜いてしまう、厳しくて勇敢なあなたにこそ、わたしは勉強をしてほしいのだ。

　あなたに言いたい。わたしがあなたに勉強をしてほしいということは、自分よりえらい人に服従せよ、という意味では

ない。むしろ、全くその逆だ。勉強をすることは、第一に抵抗である。ひとりで学ぶことができれば、あなたはそこではじめて自由になることができる。教わる立場に依存させられることなしに、ひとりでどこまでも行くことができるのだ。

　ひょっとすると、先生の言うとおりに毎日学校に行き、座って授業を聞き、ノートを取り、宿題をこなし、テスト範囲をくまなく暗記する……ということが勉強だと言われているかもしれない。しかし幸いなことに、それは間違っている。あなたが勉強をするためには、そんなことはまるきりしなくてもかまわない。あなたは誰の言うことも聞かないまま、たったひとりで勉強を始めることができる。この本は、まずはそのために始まった。

　一見、勉強をしないでいることのほうが、誰かの言いなりにならないですむ、誇りある態度に思えるかもしれない。しかしつらいことに、学校や受験から解放されたあとにも、あなたを服従させようとするものは次々に、しかもより複雑になってあらわれる。そして、学ぶこと、考えることをしなければ、それらに抵抗しつづけることはできない。あなたが今、抵抗するために学ばずにいたのだとしても、そのことが結果的にあなたが抵抗しつづける力を奪うことになる。不服従だったはずのあなたの態度が、もっと悪い服従へつながってしまうのだ。わたしには、それがくやしくてたまらない。考えなしに言いなりになってしまわないだけの賢さを備えたあなたが、しかしそのために自分の生きる道を奪われていくこと

が。あなたに本当に自由でいつづけてもらいたいと思うから、あなたに勉強をしてほしいのだ。

　所詮はテストや受験を踏まえた勉強であることが、息苦しく、またばかばかしく思えるかもしれない。それもある意味では正しい。あなたが知らないことを新しく知りつづけたいと思うのなら、範囲の決められた教科の勉強なんてどんどん逸脱していかざるをえないからだ。けれどもそのためにこそ、自学自習の方法が必要になる。あなたは確かに、「テストのための勉強」を超えなくてはいけない。そしてそこには先生もいないし、宿題もない、適度に区画化されたテスト範囲もないのだ。その広野に出ていくための基礎が、教科の勉強であり、自学自習法なのだと思ってもらいたい。

　それから、「自分の頭で考える」ということについて。とても魅力的なひびきで、実際に決してやめてはいけないことだと思う。けれどもその魅力につけこんで、「自分の頭で考えたような気にさせて、実はすでにある考えへと巧妙に誘導する」ようなものが、世の中にはうんざりするほどある。だから、矛盾しているように聞こえるかもしれないけれど、「自分の頭で考える」ためには、まずは自分ではないものに頼って考えなければいけない。「自分ではないもの」とはつまり、人類が蓄積してきた知識であり、学ぶ方法であり、考える方法である。「自分で考える」力は、そんなふうに訓練することで鍛えられていく。そうでないのなら、生まれ持った「地

頭のよさ」ですべてが決まることになってしまう。反対に言えば、自分の学ぶ力を自ら鍛えていくことは、生まれながらに割り振られた数々の不公平を、あなた自身で克服する手段に他ならない。それこそがいわば、「本当の知性」のなせるわざではなかろうか。

そのためにもやっぱり、まずは勉強の方法を知らないといけない。

くりかえし言おう。あなたは誰の言うことも聞かないまま、たったひとりで勉強を始めることができる。もっと言えば、勉強をしようとするのなら、あなたはどこかでたったひとりにならざるをえない。もし教えてくれる誰かがいたとしても、結局学ばないといけない主体はその誰かではなく、あなた自身だからだ。

さあ、勉強を始めよう。教わることに依存させられ、学ぶことを奪われないために。えらそうにあなたに命令する者に舌を出してやるために、都合のいい誘導にごまかされないために、不平等を打開するために。押しつけられたにすぎない群れからはるばると逃れて、あなたがあなたとして生きつづけるために。

向坂くじら

目　次

はじめに――なぜ勉強の方法を知る必要があるのか？ ・・・・・・・・・・・・・・・・・・・3

第1部　理論編

第1章　学ぶとは何か？――目的と手段、そして対話 ・・・・・・・・・・12

「勉強が苦手だ」と思い込まされていないか／学びの手
段には種類がある／なぜ、ひとつの手段に偏ってはいけ
ないのか／自学自習こそ学びの王道

第2章　読　む――全ての勉強はここから始まる ・・・・・・・・・・・・・・・・・21

「読めない」の3つの階層／「読めない」ことに自覚的
になる／「読めない」ことへのよくある勘違い／「なぜ？」
を大事にし、くりかえし読もう

第3章　理解する――少しはみ出すくらいがいい ・・・・・・・・・・・・・・・・・31

自分にとって当たり前の知識と結びつける／守備範囲は
少しずつ広げていく／内側の論理と外側の論理／地道な
理解こそ役に立つ／理解できない自分に耐える

第4章　覚える――ぶらぶら散歩するのがいい ・・・・・・・・・・・・・・・・・44

なぜ覚えるのは苦痛か／思い出すためには、忘れなけれ
ばならない／行きつ戻りつ、覚えるプロセスを味わう／
記憶対象を絞って定着させる／学びの喜びを自分の手に
取り戻す

第5章 **言語化する**──つまり、軽々と間違えること …………59

言語化は必ず語りのこす／言語化するとは捨てること／
自分が言葉にしたものを疑ってみる／「ありのままの自
分を表現」しなくていい

第6章 **考える**──制約と跳躍 ……………………………………69

未知の問題について考えるには？／考えるとは未知への
ジャンプである／未知の問題を考えるための4つの条件
／考えることには時間をかける／制約を見つめよう

第2部 実践編

第7章 **英　語** ……………………………………………………82

英単語／英文法／効果的な英語の自学自習法

コラム1　勉強する理由は「楽しいから」か？　92

第8章 **数　学** ……………………………………………………99

いきなり問題集を解いてはいけない／問題を解く土台を
作る／定義を見ずに言えるか／問題集を解く前に、勝負
は決まっている

コラム2　テストとは何か？　なぜ試験勉強は勉強ではな
　　　　いのか？　109

第9章 **国　語** …………………………………………………120

国語学習の第一歩とは／「読めない」から脱却するため
に／まずは文法から／要約の練習をしてみよう／いかに
読むか

コラム3　勉強仲間は必要か？　131

第10章　社　会 ……………………………………… 139

社会の勉強法の基本／覚えることにも準備が必要／単
語を「説明」できるように覚えよう／知識の身体化と
体系化

コラム4　くじけるとは何か？　正しいくじけ方について　149

第11章　理　科 ……………………………………… 157

具体的な勉強法と時間の使い方／問題を解くのはどこ
でつまずくのかを探すため

コラム5　なぜ学習法が大切なのか？　努力に逃げないこ
　　　　　とを頑張る　164

おわりに ……………………………………………………… 177

参考文献／教材リスト …………………………………… 184

第1部
理論編

勉強とは何かから
正しい学習法が見えてくる。

第1章 学ぶとは何か？

目的と手段、そして対話

あなたは学ばないといけない。そしてそれは、定期テストや受験のような短期的な目標があるからでも、大人のリクエストに応えないといけないからでもない。あなたが学ぶことが、あなたの一生を支えるからだ。

けれど、そんな大切なもののはずなのに、「学ぶこととは何か」を教えてくれる大人は少ない。肝心のそこの部分を教えないまま、教育らしきものはどんどん進んでいってしまう。あなたはきっと多くのことを「学んで」きた、ひょっとすると「学ばされて」きたはずなのに、「学ぶこととは何か」を考える機会には出会ってこなかったかもしれない。

だからこの本ではまず、「学ぶこととは何か」から話を始めたい。

「勉強が苦手だ」と思い込まされていないか

もしかするとあなたは、自分のことを勉強が苦手だと思っているかもしれない。しかし、一律に押しつけられた方法で

うまくいかなかったからといって、それで「自分は頭が悪いから勉強ができないんだ……」と思い込まされてはいけない。

学校や塾では、授業を聞いて宿題やテストをこなすことを、なんとなく「勉強」と呼んでいる。授業、宿題、テスト。大人たちはこうした「型」をなぞらせることには熱心なくせに、そのひとつひとつがあなたの学びに本当につながっているかどうかにはけっこう無頓着だ。

だから、あなたが今勉強が苦手だったとしても、それはあなたの可能性を否定する証拠には決してならない。そこからわかるのは、単にあなたが必要な方法をまだ知らないということだけだ。

それに、今まで努力してきたことがうまくいかなかったからといって、「努力が足りないんだ……」と思うのもいけない。それだって、教える側があなたに合っていない方法を押しつけたのを棚に上げ、あなたの努力不足だと思い込ませているだけかもしれない。残念なことだが、自分の教え方やサポートの仕方がうまく機能していないことを疑わずに、ただ「もっと頑張れ！」と言うだけですませてしまう大人も多い。

あなたが今勉強が苦手なことも、あなたのせいだけかどうかはわからない。努力が実を結ばないのは方法が間違っているだけかもしれないのだ。

「そもそも、何のために学ぶのか」とたずねると、「勉強しないと生きていけなくなるけど、いいの？」と答える大人もいるだろう。けれどそんな返事は、単なる脅しにすぎない。

それも、生きること自体への疑いを持てなくなった大人の目線からの。あなたは生きること自体に悩んでいるというのに、だ。

学ぶ方法をたずねれば、ただ「型」をなぞるだけの一律なやり方を押しつけられる。努力だけは大量に求められたあげく、やり方に疑いもなくその結果は全て「あなたの努力不足だ」と自己責任にされる。学ぶ目的をたずねれば、真正面から答えることなく脅される。

……そんなテキトーな状況に置かれている以上、学ぶことに乗り気になれないあなたのほうがむしろ健全だろう。

学びの手段には種類がある

ではいよいよ、「学ぶこととは何か」について考えてみたい。

そんなテキトーな状況の中でも、あなたはこれまで「学び」のイメージをなんとなくは抱いてきたはずだ。よくあるところだと、学ぶとは覚えること、なんて思っているかもしれない。他にも、学ぶとは問題を解くこと、もあるだろうか。学ぶとはわかること、なんて言うとちょっとかっこいい。多くの人は、大別するとこの3つのどれか、イコール学ぶことだと思っている。

しかしここであなたにわかっておいてほしいのは、「覚える」ことも「問題を解く」ことも、「わかる」ことでさえ、学びのための手段のひとつでしかないということだ。これら3

つとも、教科の内容を自分が少しずつ使いこなせるようにしていくために役立つことは間違いない。けれども同時に、3つのうちどれも、唯一の手段でもなければ、万能の手段でもない。そこを間違えてはいけない。

　学ぶとは、これら3つの手段を組み合わせつつ、教科の内容を今よりもっと使いこなそうとしていくことである。

　つまりはどういうことか。たとえ話をしてみよう。

　円周率を日本で一番覚えている人はなんと5万桁以上覚えているという。その覚えるための方法に、「ストーリーを作る」というのがある。「ストーリー」というのは、人間の「わかり方」の代表的な形式のひとつだ。ドラマを見たあと、あらすじを語れるようになるように、人間は「わかる」ことを使って「覚える」ことをやっていると言える。他にも、「バラバラに覚えていた地名が、地図をじっくり見たらつながってきた！」「問題をくりかえし解いていただけなのに、そこで使った知識が覚えられた！」というような経験なら、あなたもしたことがあるんじゃないだろうか。

　このように、3つの手段は全くばらばらのものというわけではなく、お互いにつながっている。「わかる」ことは、「覚える」ことにも「解く」ことにも役立つし、「覚える」ことは、「解く」こと、「わかる」ことにつながる。あるいは「解く」ことで、「覚える」ことや「わかる」ことにつながってくるということもある。

第1章　学ぶとは何か？　15

なぜ、ひとつの手段に偏ってはいけないのか

　もしかするとあなたは今、「お互いつながってるなら、たとえば『解く』だけで、『覚える』『わかる』もできちゃうんじゃない？」と思ったかもしれない。けれど、そのように学びつづけてしまうと、実はすぐに限界が来てしまう。

　そのことをわかりやすく想像するために、植物の話をしよう。ある植物が育つためには、A、B、Cという3つの栄養素が必要だとする。あるときAの栄養素だけが不足すると、植物はAが与えられた量に従ってしか成長しなくなる。代わりにBやCの栄養素をたくさん与えてみたとしても、Aが不足しているかぎり、十分に育つことはできないのだ。つまり、「成長は、必要な栄養素のうち、与えられた量が最も少ないものによって決まる」ということになる。これは有名な話で、ドイツのリービッヒという人が気づいたので、「リービッヒの最小律」という。

　そして、まさにこの「リービッヒの最小律」のように、あなたの学びの成長は、3つの手段のうち、あなたに最も足りていない手段によって決まる。教科の内容を使いこなそうとするときにあなたの足を引っ張るのは、決まってあなたの一番苦手なものだからだ。「問題を解いていればいいんでしょ」「わかればいいんでしょ」「覚えればいいんでしょ」といった偏った学び方をしていると、あなたに足りない栄養素はいつまでも補われないままになってしまう。

16　第1部　理論編

にもかかわらず、「教科書の英文を全部覚えなさい！」「英語の文法問題をたくさん解きなさい！」「数学の問題集やワークをたくさん解きなさい！」「理解すれば、暗記なんて必要ないんだよ！」と、偏った手段が万能であるかのように言い切ってしまう大人は多い。だいたいそういうアドバイスは、本人の成功体験の押しつけだったり、"有名な教材"という権威に頼っているだけだったり、教える側が説明しやすいところだけ説明して溜飲を下げているだけだったりする。

しかし、偏った手段を一律に押しつけるだけで、足りない栄養素が各々違うはずのあなたたちの学びが一様に進むはず！ と期待するなんて無茶な話だ。まあ、ときには、そうやって押しつけられた手段がうまくいくケースもあるだろう。しかしそれは、その偏った手段があなたに足りないものとたまたま合致したときだけだ。その幸運を期待しつづけるのはバカバカしい。

ここから言えるのは、どんな手段にせよ、また誰に言われたにせよ、あるひとつの手段だけを唯一のものと信じていてはいけない、ということだ。あなたが学んでいくということは、「覚える」こと、「問題を解く」こと、「わかる」こと、といった全ての手段の中で、自分に今最も足りない「栄養素」は何かを目ざとく見つけ、たえずそれを補っていくということなのだ。

それはまた、仮に本当にすばらしい先生に出会えたとしても、習うだけではあなたの学びは進まない、ということでも

第1章　学ぶとは何か？　17

ある。どんなにすばらしい先生でも、どの手段が今のあなたに最も足りていないのかをリアルタイムで全て把握することは、とうてい不可能だ。すばらしい先生ほどそれがわかっているから、あなたの今の状況を聞きたがるはずだ。あなたの状況を聞かずに持論を押しつけるだけの先生なら、学びの邪魔にしかならないと言える。

だからこそ、アドバイスをもらうときには何よりも、それがあなたに今足りていないかどうかをチェックしなければならない。たとえ多くの人にとって有益なものであっても、今のあなたに必要なものとはかぎらない。

これが、100人いれば100通り以上の学び方、というものがある、ということだ。

自学自習こそ学びの王道

さて、ここまでを整理しよう。

● 学びの3つの手段とは「覚える」「解く」「わかる」である。
● 「学ぶ」とは、その3つの手段を組み合わせつつ、教科の内容をもっと使いこなそうとすることである。
● 3つの手段のうち成長できるかどうかを決めるのは、あなたに最も足りないものである。
●だから、あなたは今の自分に何が最も足りないか、自分自身でチェックしつづけないといけない。

これらを踏まえれば、自学自習こそが実は学びの本筋であり、王道であることになる。あなたのことを、あなた以上に詳しく知りつづけられる人はいないからだ。いち早く自学自習を始めたあなたは、他の子たちよりも早くからその王道を歩みはじめた、ということになる。逆に、授業からしか学べないうちは、所詮は補助輪をつけて走っているようなものだ。いずれひとりできちんと走れるようになるために、補助輪を外す練習をしないといけない。これはあなたへの慰めでも励ましでもなく、確かな事実である。

もちろん、ひとりで学ぶからこその厳しさもある。人の言いなりに「努力」するだけなら、失敗を他人のせいにもできるだろうが、自学自習ではそうはいかない。また、自分に最も足りないものを探しつづけるためには、知りたくない自分を知ろうとする勇気も必要となるだろう。しかし、あなたが「覚える」「解く」「わかる」のどれもが、決して万能ではないひとつの手段にすぎないこと、そして、あなたの学びを進めるために必要なのは、その3つの中で自分に足りない部分を鍛えていくことだと正しく認識することは、まずは試行錯誤への大切な一歩となる。

このような学びのプロセスは言い換えれば、「自分と絶えず対話をしていく」ということでもある。自分との対話を通じて、正しいと思い込まされてきた学びの手段をひとつひとつ疑い、自分に最も足りていないものを常に考え、今の自分に合った学びの手段を選び取ることが大切だ。それはまた、

すばらしい先生から教わったアドバイスの価値を自分の力で再発見することにもつながるだろう。これらは、あなたがたったひとりでもできることだ。いや、たったひとりのあなたにしかできないことなのだ。

　過去において唯一だと信じそれに頼り切るほど有効だった手段でも、今それだけでうまくいくかはわからない。その現実に向き合うのには、とても勇気がいる。大人もまた、過去の成功体験に逃げ込みがちになる自分の心の弱さに日々苦しんでいる。だからこそ、あなたがその勇気を振り絞って学びはじめることは、自分との対話を通じて、ひとつの手段に依存して現実を見失っていないかを確かめる習慣を身につけるためにも大切なことだ。

　それはやがて、誰に聞いても棚上げにされていたあの疑問——「何のために生きるのか」という疑問についても、考えるきっかけになるかもしれない。ある手段をあくまでひとつの手段にすぎないと正しく捉えることができれば、手段と生きる目的とをごっちゃにしてしまうことがなくなるからだ。

　この文章をあなたに向けて書きながら、あなたがそうなっていくことを何よりも願っている。

第2章 読 む

全ての勉強はここから始まる

「読めない」の 3 つの階層

最初に宣言しておこう。全ての勉強は、教科書や参考書を「読む」ことから始まる。

「勉強する」というとなんとなく、机に向かってカリカリ鉛筆を動かし、問題を解きまくる……みたいなイメージを持たれがちだ。学校や塾が説明はそこそこに問題ばかり解かせているせいもあるだろうし、漫画やドラマの影響もあるだろう。

その気持ちはよくわかる。なんたって、「読む」ことはとても地味だ。手を動かすわけでもなく、はたから見ているとぼーっとしているのと見分けがつかない。鉛筆をカリカリさせておけば観客に伝わりやすいし、先生も生徒がさぼっていないと思えて安心しやすい。学んでいる当人さえ、実際には頭に入っていなくても、手を動かしているだけでつい安心してしまったりする。

ひとりで勉強できるあなたは、もちろん観客や先生に対す

る演出をする必要はない。それは気楽でもあるけれど、同時に、自分で自分をごまかして安心してしまわないように気をつけないといけない、ということでもあるのだ。

　ということでまず、地味だけどごまかしのきかない、「読む」ことからおすすめしたい。

　さて、では、「読む」とはなんだろう。そのことを考えるために、遠まわりに思えるかもしれないけれど、「読めない」ということから話をしてみよう。

　当たり前のこととして、全く学習したことのない言語、たとえばエスペラント語や古代ギリシア語を読むことはできない。できるのはせいぜい文字の上を目でなぞるくらいで、いくらそれをやっても文章の意味はおろか、単語の意味ひとつさえもわからない。

　それと比べれば、英語はいくらか「読める」に近づきそうだ。しかし、教科書の英文ぐらいまでは読める人でも、ちょっと専門的な内容になると一気に「読めない」に入ることだろう。仮にそれが日本語では読める内容だったとしても、基本的な文法や単語の意味なら知っているはずの英語になった途端に読めなくなる、ということはめずらしくない。

　そして肝心の日本語でも、「読めない」ことは必ず起こる。もしかすると、ここが一番覚えのあるところかもしれない。読み進めようとしているのに目が滑る、それでもなんとか読んでいるはずなのに、読む側から内容が頭をすり抜けてしま

う……そういう経験をしてきたとしても、それはあなたの才能やセンス、その他生まれ持たないと持つことのできない何かが足りないせいではない。「読めない」本は誰にでもある。どんなにたくさん読んでいる人でも、読むことを教えている人でも、必ずそれぞれの読めない本を持っている。「読める人」と「読めない人」という2種類の人間がいるわけではない。

　上に挙げた3つの「読めない」は、それぞれ別の要因を持っている。「読めない」には階層があるのだ。そして「読めない」を知ることが、「読む」ための大事な手がかりになる。
　学習したことのない言語を「読めない」のは、「そもそもそれがどのようなルールで記述されているかがわからない」からだ。英語なら、ルール＝文法の基本を知っているぶん、それよりは読める。けれど専門的な内容になると、また「読めない」へ戻ってしまう。それは、そこで出てくる単語の意味や、慣用的な使い方を知らなかったり、忘れていたりするからだ。つまり、「記述のルールの大枠はわかっているけれど、使われている言葉を覚えていない」という「読めない」になる。そしてさらに、その問題は（ある程度）クリアできるはずの日本語にも、「読めない」ものがある。そういうときには、「ルール（文法）も単語の意味もわかっていても、言葉と言葉のつながりがわかっていない」。
　ここではわかりやすくするために順番に話したけれど、実際3つの階層は一直線に並んでいるわけではない。英文どう

しのつながりで引っかかることもあるし、日本語に知らない単語が出てくることもある。だから、「読めない」ものを読んでいくためには、いくつかの階層を行き来しながら、自分の「読めない」の原因を探っていく必要がある。

つまり「読める」ようになるためには、まず自分の行き当たっている「読めない」を分析することが必要だ。なんだか当たり前のことになってしまうけれど、誰でもあるものは読めて、あるものは読めない。わたしにも読めないものはあったし、今もある。

「読めない」を考えることから始めよう。あなたが今「読めない」と思っているのなら、それ自体が「読む」ことへの第一歩へつながっている。

「読めない」ことに自覚的になる

では、どのように「読めない」ところから「読む」ことを始められるだろうか。

ここでは最も多いであろう3つめ、「言葉と言葉のつながりがわかっていない」場合にかぎって説明しよう（なお、1つめと2つめ、「ルール（文法）がわかっていない」「単語を覚えていない」ときには、それぞれこのあとに続く「理解する」、「覚える」の章を参照してもらいたい）。

まず、「読む」とはどういうことかを説明していこう。勉

24　第1部　理論編

強には「読む」ことが欠かせない。問題を解いたあとには解説を読まなければいけないし、暗記するときにもまず説明を読まなければいけない。しかしその「読む」とは、そもそもどういうことなのだろう。

　読むことは、「並んでいる文字列や数式をわかろうとする」ということから始まる。大事なのは「わかろうとする」ということだ。ただ目で追っただけで「わからない」と決めつけてしまうのはもったいない。どんな文章も、一回さらっと読むだけでわかる人なんてそうそういない。一見わからないように思えた文章も、くりかえし読んでいると、じわじわとわかる部分が出てくる。全部はわからなかったとしても、わかる部分とわからない部分とがはっきりしてくる。

　ここまで、「わかる」とは何かを説明せずに話を進めてしまった。さしあたって、「わかる」＝「テキストを見ずに、それを自分で再現できる状態」としておこう。言い換えたり具体例を出せたりするともっと頼もしいけれど、まずはそのまんま言ったり書いたりできれば、とりあえずよしとしよう。「そのまんま言ったり書いたりする」のも、意味がわかっていないと案外きつい。赤ちゃんが大人の言葉を真似しながら言葉を覚えていくように、わからないテキストを再現することで、あなたの中で意味を考えることが始まってくる。

　そうして少しずつ書かれていることの意味がわかってくると、「なぜ？」と思う箇所に必ず行き当たるはずだ。そうした

ら、まずは前に戻って読み返してみることをおすすめする。一部分だけではうまく入ってこなかったところが、「文脈」＝前の文とあとの文のつながりをたどることで、なんとなくしっくりきはじめることも多い。

しかし、それだけでは解決できないものもあるだろう。そういうときには、その疑問を抱えたまま先に進んでいってかまわない。少し先を読むとあっさり疑問が解決したり、前の「文脈」をたどったのと同様、今度は次の「文脈」からも類推できたりする。

意外に思えるかもしれないけれど、「読む」のがうまい人ほど、そこの判断がうまい。言い換えるとしたら、自分の「読めない」にきちんと気づくことができる、と言ってもいい。もう一度くりかえしておこう。ひとりで勉強しているあなたは、自分で自分をごまかす必要はない。「わかろう」としてもなお「読めない」ところは「読めない」のだと認めて、そのまま進んでかまわない。

（何回読み返しても、前を読んでもあとを読んでも一向にわからない、ということもしょっちゅうある。そういうときも、とりあえず諦めるのをおすすめする。別の本を調べるのもいいけれど、いかんせん面倒くさいし、時間もかかる。だから、自学自習の初心者にとっては、「その本に載っていないものは諦める」くらいの大胆な姿勢のほうが勉強を続けやすい。あなたが自学自習を始められたとしたら、それはあなたが思っているよりもはるかに貴重なことなのだと思ってほしい。続けられることを何より優先しよう。）

「なぜ?」という思いは簡単には消えない。いったん諦めて次に進むことにしたとしても、心の中にはきちんと残っている。その証拠に、初めの本をしっかりと読み込むことができたあとにその「なぜ?」が自然にわかってきたり、他の本に書いてあったときに気づけたりする経験を、あなたもこれからするはずだ。

「読めない」ことへのよくある勘違い

　ひとまず、「読む」ということを説明しなおしてみよう。ここまでの内容をまとめると、「読む」とはつまり、

「意味をわかろうと努力する(そのためにまず見ないで再現できるようにする)」→「『なぜ?』が浮かんでくる」→「それを考えたり前に戻って読み返したりして解決すればよし、解決しなかったらそれを抱えたまま先を読んでいく」→……

という一連の流れであると言えそうだ。
　さて、どうだろう。ここまでしてはじめて「読んだ」と言えるとしたら、あなたは今まで教科書や参考書を「読んで」いただろうか。もしそうでないと思うのなら、あなたは「読んだけれど、読めなかった」わけではない。単に、これまで本当の意味で「読んで」こなかっただけだ。もちろん、あなたのせいだと言いたいわけではない。「読む」ということを

第2章 読む　27

きちんとあなたに教えてこなかった大人たちのせいである。

「読む」ことに関して勉強が苦手だった人がもれなく勘違いをしていることがある。それは、「勉強が得意な人は、読み直す回数が少なくとも、読み直す範囲が狭くてもだいたい理解できている」ということだ。

実際には、教科書や参考書を1，2回読むだけで理解できるほど勉強が得意な人、というのはほとんどいない。あなたの知りあいで優秀だったあの子どころか、全国模試でいつも上位掲載のあの子ですら違う、という意味で、ほとんどいない。人間の理解力なんて、新しいことを学ぶときにはそんなに大差はない。大きく差をつけているのは、少し読んだだけで「自分にはわからない……」と決めつけてしまわないかどうかである。それなら、あなたもくりかえし読む習慣を身につければいい。

「なぜ？」を大事にし、くりかえし読もう

はじめに言ったことに戻ろう。全ての勉強は「読む」ことから始まる。あなたがひとりで勉強をしたいと思うのなら、なおさら。もっと正確に言えば、どの地点にいたとしても、「読む」ことは始められる。「読む」こととはつまり「読めない」を発見し、分析して、少しでも多く「わかろうとする」道のりだからだ。

授業を黙って聞くことに比べて、「読む」ことの便利な点

はびっくりするほど多い。まずは何より、**何回もくりかえし読めること。**「くりかえし読む」ことがどれほど大切か、この章で何回も書いてきた。しかし、授業を聞いているだけではそれができない。先生には「質問をすればいい」と言われるかもしれないけれど、真剣に考え、わかろうとしているときに行き当たる**「なぜ?」**の数は、いちいち質問をしていては到底追いつけないほどになるはずだ。くりかえしになるけれど、**あなたにはこの「なぜ?」をまず何より大事にしてほしい。**そのためには、あなたが何度もつまずき、ふりかえり、行ったり来たりできる環境が必要なのだ。理解につまずくことは悪いことではない。それこそが、あなたの学びを深めていく唯一の道である。

それに、読むことで勉強できれば、いちいち先生の顔色をうかがう必要もない。人間関係というのはやっかいで、良くも悪くも学習の成果に影響してしまう。めったにいないいい先生に出会えればラッキーかもしれないけれど、いつまでもその先生に教わりつづけるわけにはいかない。読むことはつまり、人間関係と離れたところで勉強ができるやり方である。それを早くから身につけておくことは、必ずあなたの役に立つ。

授業はだめでも、動画なら巻き戻せるしひとりで見られるからいい、という人もいる。確かに、今は動画がたくさん作られていて、すばらしい動画も多い。けれど、読み返すのに比べてやや手間がかかるのを気にしないことにするとして

第2章 読む　29

も、動画には欠点がある。あなたがこの先人生で勉強することを全て動画だけですませるのは不可能だろう、ということだ。5教科の勉強を越えて学びつづけるとき、あなたはどこかで必ずもう死んだ人たちの考えに行き合う。解説してくれる動画ぐらいは運良くあったとしても、それが本当にあなたに必要な叡智だったなら、それを文字で確かめなければ、誰かの語り口が正しいものと信じるしかなくなってしまう。文字で書かれていれば、何度でも読み返してそれがおかしくないかを考えることができる。人類の記録媒体としての動画の歴史がたかだか100年あまりであるのに対して、文字、本の歴史は5000年である。何度でも確認できるテキストを読んでの自学自習だけが、様々なメディアの変遷を超え、あなたが長い間、遠くまで旅するための強力な武器となる。

　だからこそ、読むことが苦手ならなおさら、読めるようになることを目指して自学自習をしていくことをおすすめする。
　最後にしつこく念押ししておこう。そのためには、

　一、二度狭く読んでもわからないのは当たり前！

であるという事実を踏まえて、ぼやっとわかるまでいろいろな範囲で何度も読み返す、という習慣を身につけていくことが必要だ。

第3章 理解する

少しはみ出すくらいがいい

　あなたが自学自習を始めようとするとき、一番不安なのは、「自分だけで勉強して理解できるようになるのか？」ということではないだろうか。先生の説明を聞いて理解する……というイメージは持てても、自分ひとりだけで同じようにできるのか。そこに不安を感じてしまうのは当たり前だ。

　それでは、「理解する」とは何だろう。「理解することこそが重要なのだ」と言われることもあるし、それ以前に日常的な会話によく登場する言葉でもある。それなのに、「理解する」というのが何かはなかなか言語化されない。問題を解ければ理解していることになるのだろうか。「完全に理解した！」と思ったのに、またわからなくなってしまうことも多いのはどうしてだろう。そこを考えるためには、やはり「理解していない」とはどういう状態かを考えてみるのがいい。

自分にとって当たり前の知識と結びつける

　たとえばあなたは、学校や塾でとてもたくさんの問題を解

31

かされてきたかもしれない。確かに、見よう見まねでくりか
えし解いているうち、なんとなく解けるようになる。しかし、
時間が経ったらすぐに忘れてしまうことも多い。どの場面で
何を使うかだけは何となくわかって問題は解けるけれども、
なぜそう解くのかは説明できない。いや解くのだって、見た
ことがある問題ならできたとしても、少しひねられてしまえ
ばすぐにできなくなってしまう。このように型を覚えただけ
で、ある決まったリクエストに反応することしかできないだ
けの状態を、「理解している」とはなかなか呼びづらい。

　もちろん逆に「理解はできるけど、問題が解けない……」
ということもある。ただ、この場合の「理解はできる」はだ
いたい、「誰かの説明を聞けばわかる」ということでしかな
い。つまり、自分の言葉で説明できるほどにはわかっていな
い、ということだ。

　整理すると、「理解する」のレベルには、「説明されれば理
解できる」→「簡単な問題が解ける」→「自分でイチから説明
できる」という段階がある、と言えそうだ。だとすると、説
明を聞いてわかることも解けることも、それでは十分ではな
い。高いレベルで「理解している」かどうかをチェックする
ためには、「自分で・イチから誰かに説明できるかどうか」を確
かめてみるのがいいだろう。

　「自分でイチから誰かに説明できるかどうか」を、「理解で
きているかどうか」の基準にしてみる。するとわかるのは、
知識さえあれば説明ができるわけではない、ということだ。

32　第1部　理論編

バラバラに覚えていることがいくら多くても、それを並べるだけでは知識どうしの結びつきが説明できず、聞いている人には何のことかわからないだろう。一方でもちろん、そもそも知識がなければ何と何を結びつけていいかもわからないわけで、説明ができるはずがない。

だとすると、理解するとは、

新たに学ぶ内容を、自分にとって当たり前の知識に結びつけること。

と言えるのではないだろうか。最初に挙げた例で、たくさんの問題をただ解かされているだけでは十分な理解にならなかったのは、そのようにとりあえず身につけた知識が自分にとって当たり前の知識とは結びついていなかったからだ。なんとなく答えを覚えただけでは、知識は決して残らないし、応用も利かない。

しかし、そうなってしまっているのは決してあなたのせいではない。あなたがこれまで、自分の当たり前にかすりもしない知識を詰め込むことばかりをやらされ、「新しく学ぶ内容と当たり前の知識とを結びつけて理解する」という経験を積んでこられなかったのだとしたら、そういう理解の仕方が身につかなくても当然だ。そしてそれは、あらかじめ決まったカリキュラムを消化するために、今学ぶ内容を結びつけるべき当たり前の知識が一人ひとりまるで違うという事実に思

第3章 理解する 33

いをやることさえない……という、教える側の自分勝手な都合のせいもあるだろう。

とりあえず、理解する、ということをそのように定義しよう。

守備範囲は少しずつ広げていく

さて突然だが、ここで、野球の守備練習の話をしてみたい。守備練習のために指導者がボールを打つことをノックと言う。そして良いノックというのは、「守る側がしっかり動けば追いつけるところにボールを転がす」ものだ。動かないまま真正面で捕れるボールでは守備練習にはならない。一方で決して追いつくはずのないボールを打たれても、追いかける気を最初からなくしてしまうだろう。「しっかり動けば追いつけるボール」を捕ろうとすることが守備力を鍛える練習になる。中日ドラゴンズの落合元監督はノックの名手で、それぞれの選手に「しっかり動けばなんとか追いつけるボール」を打つことで、徐々にその選手の守備範囲を広げることができたのだそうだ。

もちろん、守備範囲は各々の選手で違う。守備範囲がとても広い選手には、その選手でも追いつけるかどうかという遠いところに打つべきだし、狭い選手には、それを少しはみ出るくらいの近さがいい、ということになる。ある選手には良い練習になるボールでも、他の選手には全く練習にならないも

34　第1部　理論編

のになってしまうのだ。

　理解することはこれに似ている。理解するためには、自分にとって当たり前の知識を足がかりに、新たな内容へと一歩踏み出さなくてはいけない。だとしたら、多くのことを理解できるようになろうと思ったら、ノックと同じく「守備範囲」を少しずつ広げていく必要がある。

　ここで強調しておきたいのは、これまたノックと同じく、「守備範囲」を広げるために新しいことを知ろうとするとき、それは自分の知識と遠すぎても、近すぎてもいけない、ということだ。既に持っている知識をそのまま答えるだけでいいのなら、理解は必要ない。一方で、あなたの知識からはかけ離れすぎたものを答えようとすると、理解は届かない。当たり前の知識から少し先くらいを、常に目指すのがよい。「しっかり動けばなんとか追いつけるボール」を追おう。

　そしてだからこそ、ここにも自学自習の利点がある。万人に理解させる授業というのは基本的にはありえない。何が当たり前の知識であるかは一人ひとりで当然異なるからだ。良い授業も、ある生徒にとっては真正面で捕れてしまうボールになるし、別の生徒にとってはとうてい捕れないボールになる。各々の守備範囲が同じになることは決してないからこそ、あなたがひとりで勉強をする意義があるのだ。あなたの守備範囲を把握し、常にあなたにとってのいいノックを打ちつづけられる名監督は、あなた自身しかいない。

第 3 章　理解する　35

内側の論理と外側の論理

そう考えてみると、覚え込んで解けるようにしただけのものはなかなか定着せず、すぐに抜けてしまう……ということにも納得がいく。問いと解答の一連を無理やり詰め込んだだけでは、当たり前の知識に結びつけることはできない。ある個体に移植された生物組織が、「他者」とみなされて拒絶されるように、あなたの血肉になっている知識と結びついていないものは、どんなに努力して詰め込んだとしても剥がれ落ちるしかない。

では、どうすれば新たに学ぶ内容と当たり前の知識とを結びつけることができるのか。その方法には、大きく分けて2種類がある。ここでは「内側の論理」と「外側の論理」と呼んでみよう。一般的な言葉で言えば、前者は「演繹(えんえき)」または「導出（どうしゅつ)」であり、後者は「たとえ話」「類推（るいすい)」だ。難しい言葉をたくさん出してしまったけれど、ひとつずつ説明していこう。

まず内側の論理とは、学習内容の内側にある論理のことだ。教科書なら教科書の、参考書なら参考書の中にある、学んでいる内容どうしの結びつきを思い浮かべてほしい。数学の定義から定理が出てくることをイメージしてもらえるといい。あるいは歴史の流れでも、物理で力学分野を使って他の分野を説明するのでもいい。いずれにしても、内側の論理の場合には、最初に決めたことやわかっていることから、次のわか

36 第1部 理論編

っていることが見えてくる。

　これに対し、ある内容を理解しようとしたとしても、その分野の知識がそもそもあなたに足りなければ、結局結びつける先はないままだ。簡単に剝がれ落ちる知識で終わってしまう。けれどそんなときでも、あなたはその内容を他の分野の話に結びつけて「理解する」ことができる。**それが外側の論理だ**。これは、他の分野の知識や仕組みと、今学ぼうとする内容との間に似ている部分を探していく、ということだ。理解しようとすることと、野球のノックとが似ていたように。詩的な想像力、と言ってもいい。このような、**理解するための足がかりになるたとえ話や類推のことを、外側の論理と呼んでおこう**。

　種明かしをすると、この2つのどちらか、あるいは両方が充実しているのが、いわゆる「わかりやすい授業」「わかりやすい参考書」と呼ばれるものだ。導出のプロセス（内側の論理）を端折ることなく丁寧にたどっているか、様々なたとえ話（外側の論理）が出てきてその学習内容に習熟していない人でも他の知識からたどれる足がかりを作っているかすると、学習内容は格段に理解しやすくなる。

　もちろんたとえ話というのは、必ずズレが生じるものだ。そのたとえ話であなたがわかったとしても、そうしたズレについてはひとまず先送りにしている状態、と言えるだろう。だからたとえ話を通じてわかったことをもっと高いレベルでわかるためには、そこからさらに勉強して、その分野の知識

を増やさなければならない。つまり、より深く理解しようと
するプロセスとは、次のように進んでいくと言える。

❶ たとえ話を通じた理解で、他の分野の言葉（外側の論理）
　を使って説明できるようになる。
❷ ❶の理解を足がかりに、その分野の知識を増やす。
❸ その分野の言葉（内側の論理）を使って説明できるように
　なる。

　しかし、ここで強調したいのは、それでもたとえ話は大切
だ、ということだ。たとえ話が使えると、新しい内容を学ぶ
勇気が湧いてくる。新しい内容を学ぶのは不安なことだ。け
れどそれを理解しようとするときに、既にあなたの血肉とな
っている知識と結びつけて考えてもいいんだ！ と思えたら、
それは未知の領域へ踏み出そうとするあなたの強い味方にな
るはずだ。テニスやサッカー、バレエや合唱、ゲームでも小
説でもなんでもいい。あなたには既に、好きなことやがんば
ってきたことを通じて当たり前になっている知識が、たくさ
んあるはずだ。自学自習をするときには、学習内容を自分の
経験とは全く別のものとしてムリヤリ丸呑みしようとするので
はなく、あなたが身につけてきた知識の力を借りてみてほしい。
これまでの好きなものや経験を強い武器にすれば、あなたは
理解することを諦めずに自学自習を始められるはずだ。
　そのうえで、学ぶ分野の中であなたにとっての当たり前の

知識を増やせばいい。それを増やせば、外側の論理ではなく、内側の論理で説明できるようになってくる。理解することの結果として自分でイチから説明できることが増えていく。

地道な理解こそ役に立つ

もう一度ふりかえろう。

「理解する」とは、「内側の論理（導出）」「外側の論理（たとえ話）」という2種類の方法を使いながら、自分が当たり前に知っていることと新しく学ぶ内容とを結びつけようとすることだ。やわらかなものどうしを結びあわせていく、一本の糸のように。そして、その糸には当然長さの限界がある。だからこそ、近すぎても遠すぎてもいけない。そして、その新しい内容が近いか遠いかは、一人ひとりの持つ知識によってまるきり違う。だからこそ、理解するためには自学自習こそが大切だ。

もちろん、このように結びつけていく作業は、かなり地道でもある。説明を読んだり聞いたりした瞬間に「わかった！」と思うのは、実はわかるという長い長い道のりのスタート地点でしかない。そのあと手を動かして書いてみたり、自分の言葉で言い換えたり、様々な問題を解いてみたり、いろいろな努力の末に、ようやくじわじわとわかってくる。学ぶべき知識が自分にとって当たり前の知識と結びつくことに、終わりはない。結ぶための糸は何本でも増えていく、ということだ。

第3章　理解する　39

多くの人がわかりやすいと思う授業は、導入としては本当にありがたいものだとしても、わかりやすいからこそ、内側の論理を鍛える必要性や、そのために必要な当たり前の知識を身につける必要を忘れさせてしまう恐れもある。

　それに対して自学自習は、外側の論理を使うところから始めても、それが内側の論理に代わっていくまでは、教科書や参考書をくりかえし読み返さなければならない。「理解する」ことがカンタンには許されないからこそ、理解するための材料を増やしていく努力ができる、と言い換えてもいい。そのとき、あなたは自分にとって何がまだ当たり前になっていないのかをくりかえし確認することができる。ただ、これはとても地道な作業でもある。切り立った岩山を、体重を預けられる確かな手がかりを探しながらひとつひとつ登っていくようなものだ。これだけを見れば、とても効率が悪いように見えてしまうかもしれない。

　しかし、思い出してみよう。**当たり前になっている知識がなければ、理解しようとしてもそこに結びつけることはできない。**自学自習のよいところは、あなたにとって当たり前の知識が少なくて目の前の内容が理解できないときに、その場でどこまでもさかのぼって知識を確認できる、ということだ。それはわかりやすい授業よりも、あなたの当たり前を増やし、そしてあなたの理解を準備する。

　そのようにして、はじめに整理した

40　第1部　理論編

「説明されれば理解できる」→

「簡単な問題が解ける」→

「自分でイチから説明できる」

というところまであなたの理解が進めば、忘れにくくなるだけでなく、忘れたとしても再現できるようになる。また答えの丸暗記では解けないようなひねった問題についても、自分で試行錯誤の方法を考えられるようになる。こうして「あなたにとって当たり前の知識に、新たに学ぶ内容をつなげようとする」「そしてあなたの当たり前の知識から新たに学ぶ内容を説明できるようにする」ことは、あなたの勉強においてとても有効なツールとなっていくのだ。

理解できない自分に耐える

　もちろん、完全に理解した！　と言える状態に到達することはなかなかできない。自分はまだまだ理解できていない、という苦しさに何度もぶつかるだろう。しかし、新たに学ぶ内容が当たり前の知識としっかりと結びついていないことを痛感するとき、あなたは確かに理解することへと向かっている。その道のりは長いが、しかし正しい方向である。

　そして、当たり前のことを新しいことと結びつけていくためには、そもそもあなたにとって何が当たり前かを常に確認しなくてはいけない。その点で、理解することもまた、常に

自分と向き合う作業である、ということがわかってくるだろう。だからこそ、自学自習こそが理解するためにも必要なプロセスであるのだ。

　自分にとって当たり前の既存の知識からはみ出て、未知のものと結びつけようとすること。それは過去へと未来をつなごうとする、生きた現在そのものである。また同時に、自己に立脚しつつも他者を思いやろうとする行為でもある。過去や自己だけにとどまっているわけにはいかない。

　一方で、未来や他者をそのままに受け入れようとしても、それはカンタンには血肉にならない。すぐに剥がれ落ちてしまうことだろう。未来についても想像力を働かせることができるのは、過去をふりかえるものだけだ。そしてまた、他者へと想像力を働かせることができるのは、自己をふりかえるものだけである。

　だからこそわたしたちは、既に自分にとって当たり前なことに安住してしまわないように、わからないものをわからないままに丸呑みにしてその場だけをごまかしてしまわないように、理解できない自分に耐えて理解しようとし続けなければならない。そんなしんどい取り組みをわたしたち大人が日々できているのか、と言われたら、とても難しいことだ。それでも、あなたにもそれに取り組んでほしいと思う。そしてそのためには、少しはみ出すくらいがいい。

42　第 1 部　理論編

あなたのはみ出しを少しずつにとどめるためには、あなたにとって当たり前の知識を増やしていかねばならない。ではそのために、自学自習において具体的に何をしていくべきなのか。それが次章で取り上げる「覚える」ということだ。

第4章 覚える

ぶらぶら散歩するのがいい

なぜ覚えるのは苦痛か

　前章で書いたように、理解していくためにはまず、学習内容の中であなたにとって当たり前の知識を増やしていかないといけない。そしてそのためには、必ず「**覚える**」ことが必要になる。

　けれど、覚えることをひとりで始めようとすると、テストがないことが不安になってくるかもしれない。最近の学校では定期テストだけでなく、小テストがとても多い。小テストに追われて勉強をしているうちに、他の勉強をできないまま一週間が終わってしまう学校さえある。

　小テストで点が取れないと、たいていはあなたの努力が足りないことにされて、責められがちだ。しかし、テスト範囲は適切な量に絞られているだろうか。あなたの努力が実を結ぶための配慮や工夫は行われているだろうか。そもそもそうしたテストの点数を上げようとする努力は、あなたが覚えることに本当につながっているのか。大人たちは「覚えること

は大切だ」と強調する一方で、こうしたテスト漬けのやり方で本当にあなたが覚えられているかどうかについてはあまり深く考えていないように思える。

　さらに、こんなふしぎもある。「覚える」ということは、勉強の中で大切なわりに、とても評判の悪い行為であるということだ。小さい頃は駅名や植物や動物の名を覚えることがとても楽しかったはずなのに、わたしたちはどうして覚えることをこんなに嫌いになってしまったのか。それがテストのせいだとしたら、なぜテストはわたしたちに覚えることを嫌いにさせるのだろうか。そこからまず書いていきたい。

　何かについて知ることは、次の「なぜ？」を生む。小さな子どもたちが知識を増やしたがるのは、それが彼らの「なぜ？」を誘発してくれるからだ。もちろん小さな頃から知識を得ることに伴う権力欲（「わたし、すごいでしょ！」）がないわけではない。それでも、「覚える」ことで増えた知識は、次のなぜ？を生み出し、彼らの世界を広げてくれる。

　このような過程は、人間の学習プロセスの中にも根付いているかもしれない。たとえば小さな子が言葉を学ぶときには、はじめは意味のわからない言葉でも、真似して覚えたがるものだ。このとき彼らは「（意味はわからないけど）覚えて再現するのは面白い！」という感覚を持っているのだろう。

　そのように、子どもたちは体系的に文法を習うより前から、まず未整理の知識を喜んで集めている。それから言い間違い

第4章　覚える　　45

を指摘されたり正しい形を教えられたりすることで、集められた知識がどのように活用すればいいものなのかを自分で類推していく。そこでやっと文法などのロジックが発達してくる。子どもたちのたどるこうしたプロセスはまるで、生物種としての人間が長い歴史の中で体系化して蓄積してきたロジックを、個体としての人間が成長する中で再発見しているかのようだ。

　未整理の知識の収集→それらにロジックを見出す→収集→ロジック→ ……というくりかえしこそが、自然な学習過程なのだろう。

　こう考えてみると、「『意味があるとされているものを』『なぜ？ と問わずに』覚えなさい！」という指導は、二重に失敗していることがわかる。意味があるものを覚えることは、子どもたちにとって苦痛だ。意味があるから覚えてきたわけではないからだ。そして、あとから「なぜ？」を問えないものを覚えることもまた苦痛だ。自分でロジックを見出す余裕や機会を奪われたら、「意味を見つけられた！」という喜びを味わえないからだ。

　そう考えると、小テストに時間を奪われ、考える時間が与えられないまま大量の知識をただ覚えさせられることをくりかえしていれば、覚えることが嫌いになって当然だ。そのような覚え方は、そもそもわたしたちが自然に知識を習得する過程とはかけ離れているからだ。

では、より自然な覚え方とはどんなものだろうか。子どもたちに倣って考えてみれば、それは無意味に覚えたことについて、あとから自分で意味を見いだせるような覚え方、ということになるのではないだろうか。もちろん、現実的にはただでさえ広い学習内容を無軌道に覚えることは難しいかもしれない。しかし、あとから自分で意味を見いだせるようにするために工夫の余地はあるはずだ。

思い出すためには、忘れなければならない

　では、具体的にはどのように覚えればいいのか。ここからそれを考えていくために、まず知っておくべき大切なことが2つある。それは、

❶ 人はとても忘れてしまう。
❷ 人はとても覚えてしまう。

ということだ。覚えようとするときには、誰もが持つこの2つの性質をしっかりと意識する必要がある。
　この2つは一見反対の内容のように見える。忘れてしまうなら覚えられていないのでは？　あるいは覚えてしまうなら忘れてしまわないのでは？　というように。
　まず、❶について説明してみよう。と言っても、こちらには誰にでもよく覚えがあるかもしれない。人はとても忘れて

第4章 覚える　47

しまう。一度しっかりと覚えたはずのことであっても、時間が経てば遅かれ早かれ忘れてしまうのは普通のことだ。暗記が得意に見える人があなたの身近にもいるかもしれないけれど、その人だって例外ではない。だからこそ、わたしたちが覚えるときに大切なのは、「どうやって忘れないようにするか」ではない。むしろ、いずれ忘れることは大前提として考える必要がある。つまり大切なのは、「（忘れたとしても）どうやって思い出せるようにするか」そして、「思い出しやすい覚え方とは何か」ということなのだ。

そのために必要なのは、「なぜそうなるのか？（Why?）」という問いと、「どこにあるのか？（Where?）」という問いだ。

「なぜそうなるのか（Why?）」ということを説明できれば、忘れたとしても再現することができる。とはいえもちろん、理由がわかれば導けるから覚えなくても大丈夫！ というのもまた、まずい。いくつかの基本的な知識についてはやはり覚えるしかない。まずはそれらを覚えたうえで、他の知識を忘れたときに、そこから自分で導けるようになることが必要だ。

「どこにあるのか？（Where?）」とは他の知識との関連性だ。たとえば地図上での位置関係、年表上での位置関係、化学の周期表やイオン化傾向のように、他の記憶事項との相対的位置（関連性）を理解しておくと、これも忘れたものを思い出すための手がかりになる。このように、知識と知識を論理や位置によって関連させておくと、これらの Why? や Where?

48 第1部 理論編

を通じて思い出せるようになる。

　思い出せるように、という言葉を使ったが、「覚えている」と「思い出す」は表裏一体だ（英語では両方「remember」だ）。このことが「忘れることは敵！」と言わんばかりのテスト漬けの中ではあまり理解されていない。しかし、思い出すためには、忘れなければならない。忘れては思い出すことのくりかえしによってだんだんと覚えていけた経験が、あなたにもあるのではないだろうか。

　だからこそ、忘れることを前提としたうえで思い出すためのツールを鍛えていくことが、長期的には覚えていくことにもつながっていく。ざっくり言えば、覚え方とは思い出し方のことなのだ。「なぜ？」と「どこ？」によってつながったロジックを使い、忘れていたことを覚えていることから再現できるようになれば、自分の外に外部記憶装置をゲットしたようなものだ。これを使わないのはもったいない。

　反対に、「なぜ？」「どこ？」を問わないままにムリヤリ詰め込もうとするのは、とても効率の悪いやり方になってしまう。将棋のプロ棋士のような超人的な記憶力の人たちですら、指し手の意味や理由の見えない盤面を覚えることはできないと聞く。そう考えてみると、人間の記憶は関連づいている知識をより多く覚え、より長く再現できるように発達してきたのかもしれない。

　だからこそ、いずれ忘れることを前提として、思い出せるように覚えていくことが大切だ。

行きつ戻りつ、覚えるプロセスを味わう

❷の「人はとても覚えてしまう」とは何だろう。それは、わたしたちが何かを覚えようとするときには、実は周辺の様々な情報も巻き込みながら覚えている、ということだ。

単語帳をひらいて英単語を覚えているときに、上下にある別の単語の意味とごっちゃにして覚えてしまった経験はないだろうか。あるいは必死に覚えたつもりが、肝心の覚えた内容についての記憶は出てこず、そのとき飲んでた飲み物とか、そのときかかっていた音楽とかの記憶ばかりが出てきたりもする。それは人間の驚くべき能力であるとともに、だいたいの場合、学習の目的を達成する大きな邪魔になる。

だからこそ、そうした現実世界の周辺情報に頼って覚えてしまっている自分を甘やかさないように、周辺情報だけ絶えず変化させては記憶していくのが良い覚え方になる。もちろんこれは、「だから英単語帳などをコロコロ変えたほうがいい！」ということにはならない。定着しないうちに周辺情報を変えることばかりに熱心でも、結局何も覚えられないからだ。

くりかえしの中で定着しくきたら、その周辺情報を減らしていく、という勉強の仕方が理想的だと言える。英単語帳で言うなら、ずっと同じ本文を見て覚えているだけよりも、さらに索引で見ても意味が引き出せるほうがより確かな記憶である、というように。覚えるべき対象は変えないままチェック

の仕方を変えてみる、というのがよいだろう。

　また、現実世界の周辺情報を巻き込んで覚えてしまわない
ためには、学習内容の中でバーチャルな周辺情報を増やして
いく、ということもとても大切だ。このことを理解するため
に、ひとつたとえ話をしてみよう。

　あなたがはじめて行く場所に行くとしよう。向かっている
ときには、地図やアプリを見ながら確認しつつ進んでいくし
かなかった道でも、帰り道はけっこうスムーズに帰れたりす
る。これははじめて行く土地の町並みや道などの周辺情報が
往路を行くうちに無意識にインプットされていくからだ。目
的地に向かって急いでいるときですら、わたしたちはそのよ
うに周辺情報をインプットしている。

　街をぶらぶら歩くのはもっといい。景色や人、様々なもの
を見たり感じたり考えたりしながら歩くことは、あなたの記
憶にとてもよく残るだろう。

　これを学習内容についてもやればいい。覚える内容につい
ての「なぜ?」「どこ?」を考え、味わうことのメリットは、
忘れた内容を論理的に導けるというだけではない。学習内容
の中で行きつ戻りつしながら得たバーチャルな(つまり、ジ
ュースやBGMのことではない)周辺情報は、覚えること自体
にとっても強力なツールになる。書き出したり、声に出した
りするのもいい。目だけでなく、手や口を使うことも、その
学習内容をぶらぶらするための有効な手段だ。学ぶ内容につ
いてのバーチャルな周辺情報を感じ取る感覚器官は複数ある

第4章　覚える　51

ほうがいい。

　だからこそ、数学の定理や公式はその結果だけ覚えるのではなく、なぜそうなるのかを導出しようとぶらぶらしたほうがいいし、歴史の事実もムリヤリ年号だけを覚えるのではなく、歴史の流れを理解したり一から書き出したり、地図をじっくり見たり書いたりして、ぶらぶらしたほうがいい。一見バラバラに感じられる英単語だって、派生語や接頭辞・接尾辞を見たり、辞書を引いて読んだりして、ぶらぶらすることができる。

　小さな子どもたちの例を思い出してみよう。結局わたしたちがよく覚えるのは、無意味にぶらぶらを楽しんだときなのではないだろうか。意味や目的は、プロセスを味わう余裕をわたしたちから奪ってしまう。覚えようとするとき、効率の良さを求めてプロセスを省略することが実は非常に効率が悪いのは、このことからもわかる。

記憶対象を絞って定着させる

　ここまでを踏まえれば、

A．覚えるためには、なぜそうなるのかを考えたり思い出そうとしたり、諸々ぶらぶらしてみる。

のが覚えるコツだと言えそうだ。

52　第1部　理論編

ここでふたたび、定期テストや小テストは本当に機能しているのか考えてみよう。テストの頻度を高くすること、テストの回数や一回ごとの学習内容を多くすること、内容を難しくすることなどは全て、「なぜ？」を考えることを諦めさせ、じっくりぶらぶら行きつ戻りつする時間の余裕をなくさせ、ただ詰め込むしかない状況へとあなたを追い込んでしまう。そのようなテスト勉強をいくらがんばっても、あなたの武器は何ひとつ増えないままだ。

　自学自習は違う。吟味する暇なく無理なペースで詰め込まれるだけの学習から、きっちりと距離を置ける。自分のペースで「なぜ？」を考え、他の知識とのつながりを確認し、そしてあやしいところは何度でもくりかえすことができる。

　基本的なことを覚えていなければ、戻って覚え直そう。毎回の分量を減らしてもいいし、余裕があるなら増やしてもいい。何を調べてもいい。ぶらぶらし放題だ。そのようにぶらぶらすればするほど、その教科の中でのバーチャルな周辺情報が増え、それがどんどんあなたが覚えるための味方になっていく。

　ぶらぶらできるというだけで、一律にテストを受けている人たちよりも、あなたのほうがよっぽど覚えるのに適した環境にいる。だから、テストがないことを恐れる必要はない。むしろテストのための無茶な覚え方から距離をとり、「なぜ？」「どこ？」を大切に、ぶらぶらと散歩を楽しむように覚えることが大切だ。

それから、覚えるためには、

B.　再現できるまで、くりかえす。

ということも必要だ。くりかえして言えるようにしたり、書いたりしよう。ただ、これも最終的な目標は覚えることだとしても、Aの「なぜ？」や「どこ？」という問いを通じて引き出せるようなものをくりかえすことが記憶の定着につながる、というその順番が大切だ。

　そして、AとBの2つの方法を取るために何より大切なことが、

C.　最初に覚える知識をとにかく少なくする。

ということだ。

　情報量を絞ったほうがBのくりかえしの周回数が多くなるから覚えやすくなるのはわかりやすいだろう。それだけではなく、Aの「なぜ？」や「どこ？」についても、量が少ないほど、それらを考えたり確認したりしながら覚える時間を作ることができる。そのようにして、量を絞って覚えれば、これがあなたの記憶の「幹」になっていく。「幹」との関係性によってより細かい「枝葉」の知識も覚えやすくなる。

　最初に覚えるべき知識を厳選する基準としては、「なぜ？」

を考える道具になるような知識をまず優先することが大切だ。そこからいろいろな類推ができるような知識と、ひとつ覚えたらそれでおしまいの知識とを区別するとよい。英単語で例を出せば、固有名詞を覚えるなんてナンセンスだ。逆に接頭辞や接尾辞（いろんな単語にくっついている、意味を持ったパーツ）は、きっちり覚えることで、その努力が何百倍にもなって返ってくる。

　BGMやページの中の位置のような現実世界での周辺情報をついつい覚えてしまうのは、誰でも最初は現実世界の情報のほうがリアリティがあるからだろう。「関係ないことばかり気になって、全然覚えられないよ？」というときは、その学習内容の中に、リアリティを持って感じられるものが少なすぎて、現実世界の周辺情報の持つリアリティばかりがあなたの感覚に強く訴えかけてくる、ということでもある。

　情報を絞って定着させていくことで、学習内容の中に、現実世界であなたの気を逸らすものと同じ、あるいはそれ以上のリアリティを獲得していくことになる。それを一気に大量に定着させることなんかできない。学習内容がリアリティを競う相手は、わたしたちの生活するこの現実なのだから、とても手強い相手だ。だからこそ、それが定着するまでは記憶対象を徹底的に絞り、それらについてぶらぶらしながら楽しむこと、馴染んできたらくりかえすことで、それらを少しずつ、この現実と同じようにリアルなものにしていくことが大切だ。

ここまでくりかえしてきた「ぶらぶら」という言葉は「調べる」「読む」「理解する」「解く」などなど、「覚える」こと以外の様々な学習行為であることが多い。このように「覚える」とされている行為も、実は様々な他の学習行為と深くつながっている。いや、むしろ、覚えることしかやっていなければ長期的には覚えられるわけがない、というのが正しいだろう。問題を解いていれば問題が解けるようになる、という思い込みが間違っているのと全く同じように、だ。

本書では自学自習のために、学びの現場で何となく行われている方法をひとつひとつ明確にあなたに伝えたい。それがあなたにあいまいな言葉で自学自習を励ますだけに終わらないように、わたしたちが自分に課したひとつのルールだ。しかし、そのようにひとつひとつ学び方を明確にしようと説明すればするほど、実はそれらがお互い深くつながっているという事実にぶつかるようだ。

学びの喜びを自分の手に取り戻す

まとめよう。覚えるときには、

❶ 人はとても忘れてしまう。
❷ 人はとても覚えてしまう。

という性質を踏まえたうえで、

A. 覚えるためには、なぜそうなるのかを考えたり思い出そうとしたり、諸々ぶらぶらしてみる。

B. 「なぜ」がわかったあとに、くりかえす。

C. それらのためにも最初に覚える知識をとにかく少なくする。

という3つを念頭に置くことが大切だった。これらを意識して、覚え方を工夫していくことが大切だ。

　このように、あなたの努力不足のせいにされがちだった覚えることですら、与えられた方法が間違いであることが多い。自学自習とはそのように、奪われてきた学びの喜びを、正しい方法を通じて回復していくプロセスでもある。

　覚えるためには何度でも思い出さねばならないし、思い出すためにはなぜそうなるのかを考えねばならないのは、何も受験勉強にかぎったことではない。あなたに偉そうに話すわたしたち大人だって、それが全然できていないじゃないか！と言われれば、返す言葉もなく恥じ入るしかないことも多い。たとえば、この世界では、わたしたちのごく身近なところでさえ、絶句するような悲劇が日々起こっている。それを目にするたび、問われているのはまさにわたしたち大人の「覚える」ことの不足である。わたしたちはそこに、自身の日々の労働と生活に負けないリアリティを感じられていたのだろうか。問題が表面化したときだけそのリアリティを感じるのは、「小テストのときだけ覚えている」ダメな状態と何が違

うのだろうか。つまり、わたしたち大人は悲劇として姿をあらわす前から目の前にあり続けていたはずの諸問題を、そのような意味で「覚え」られていたのだろうか。

　もう一度くりかえしておこう。人はとても忘れてしまう。しかし、それでもなお、あなたに、覚えるとはどういうことかを正しく捉え、それを自分の手に取り戻してもらいたい、と思う。忘れてしまう自らの愚かさを前提として、何度でも思い出していくために。

　そのうえで、このように忘れることを前提として思い出す筋道を得た知識、それをくりかえす中であなたにとって実物と同じくらいリアルになった知識は、あなたの理解や思考の土台となる。そしてそれは、次に「考える」というプロセスへの入り口となるはずだ。

第5章 言語化する

つまり、軽々と間違えること

言語化は必ず語りのこす

さて、ここまで読んできたあなたは、既に「言語化する」ことが必要だと気がついているかもしれない。読んだ内容を理解しているか確かめるために再現しようとしたり、覚えたことを説明したり、自ら「なぜ？」「どこ？」と問うてみたりすることが、自学自習のためには欠かせない。そういうとき、書いたり、口に出して言ったりすることがあなたの助けになるのはもちろん、実際には言いも書きもしていなかったとしても、頭の中では言葉に置き換えて考えるはずだ。学びはじめようとするとき、「言語化する」ことは必ず役に立つ。

では、その「言語化する」とはどういうことなんだろう？
……と、言ってはみたものの、実はわたしは「言語化する」という言い方があんまりしっくりきていない。最近よく聞くようになった言い回しだけれども、ちょっとあやしいと思っている。たとえば、「A を言語化する（A が言語化される）」と言うとしよう。すると、まるで言葉ではない「A」というも

59

のが先にはっきりそこにあって、さらにその「A」が元のボリュームを保ったまま「言語」というかたちに変身できる、みたいなイメージが浮かばないだろうか。けれど、そのイメージは実態に即していない。

　試しに、自己紹介をしてみよう。この文章を書いているわたしは1994年生まれで、関東に住んでいる。料理と読み書きが好きで、詩人として作品を発表しながら、国語の塾をひらいている。身長は1.6メートル、右目が近視で左目が遠視だ。運動神経がとても悪くて、50メートル走るのに12秒かかるし、よく転ぶ。

　こんなふうに「言語化」をしてみると、確かにわたしという人間のある面を言葉で説明することができる。けれど同時に、とてもたくさんのことを書きそこねてもいる。

　たとえば、わたしは泳ぐのが好きだ。運動が苦手ではあるけれど、下手の横好きというものもある。それからよくゲームをする。こちらも決してうまいとは言えないが、それなりに楽しくやっていて、日々のいい気晴らしになる。でも、そう言うと驚く人が多い。読書が好きで、しかも国語の先生となると、水泳やゲームなんかやらないだろうと思われているらしい。さっきの小さな自己紹介でも、多くの人がそんなふうに受け取るだろう。

　つまり、わたしのした自己紹介は、わたしという人間を「言語化」するのにぜんぜん足りていない。そしてそれは、単に短くて適当な自己紹介だったから、というだけではない。

60　第1部　理論編

もし、この本をまるごと使ってわたしが自分について語ったとしても、やっぱり何かを語りのこすだろう。「自分」や、「人間」だけではない。どんなものでも、ある対象を「言語化」しようとするとき、わたしたちはその対象のことを全て語ることはできない。

　だから、「Aを言語化する」と言ったときにイメージするような、何かがあって、それを「言語」というかたちにそのまま置き換えるような「言語化」なんて、本当はありえない。「Aが言語化される」とき、必ずAのある部分がそこから欠ける。けれどそれは、「言語化しようとしても、必ず失敗する」とか、「だから、言語化することには意味がない」とかいうことを意味しない。むしろその欠けこそが、あなたが「言語化」をうまく使うポイントなのだ。全てをそのままに「言語化」できないからこそ、あなたが「言語化」をすることには意味がある。

言語化するとは捨てること

　どういうことか。「理解する」で話した、「理解したかどうかチェックするために、自分でイチから説明をしてみる」というプロセスを例に考えてみよう。もう一度確認しておくと、理解するとは「自分の中で既に当たり前になっている知識へと、新たに学ぶ内容を結びつけていくこと」だ。つまり、ある内容をあなたが理解したということは、それがあなたの

中で他の知識と結びついた、ということだ。さらに、その結びつきはわかりやすく一対一で対応するものではない。あなたがこれまで得てきたいろいろな知見や経験と、ときに部分的に重なり合い、ときには反対に違いを映しだし、あちこちを縦断したり横断したりして、複雑に絡みあっていないだろうか。そのような状態を仮に、縦横に広がる面的な理解としておこう。

けれどそれを説明しようと思うと、面のまま出力することはなかなか難しい。話し言葉も書き言葉も、2つや3つのことを同時には語れない。そこには必ず順序があらわれ、隣りあう知識どうしのつながりがあらわれる。理解が面的だとしたら、言語化は線的に行われる。だから言語化をしようと思うと、知識どうしがどのような順序で、どのようにつながっているのかを、説明しながら自分自身で確かめることになる。そして、面的に理解しているものを全て語ることはできない以上、説明をするときには必ず何か捨てないといけない。その、捨てる、が重要なのだ。

言語化をするということは、何が重要で、何が重要でないかを選ぶ、ということだ。なんとなくつながっているような気がしていたものも、いざ説明しようと思うと、あまり関係なかったことがわかることがある。反対に、意外なところとのつながりが見えてきたりもする。「説明できる」と「説明できない」の違いは、いらないものを捨てられるかどうか、というところにあるのだ。複雑な理解が頭の中でつながってい

62　第1部　理論編

くのは、とても豊かなことで、楽しい。けれどもそれだけで
はまだ、説明ができる状態には至らない。言語化をしようと
試みるときには、わたしたちはその豊かな全部を持ちつづ
けておくことができなくなる。しかしだからこそ言語化の経
験が、あなたが本当に重要なことは何かを見極めるための力に
なるのだ。はじめに、言語化するときに起きる欠けこそがあ
なたの役に立つ、と言ったのはそういうことだ。自分の面的
な理解をなんとか線にしようと試みるとき、あなたは必ず何
かを意図して捨てないといけない。そしてそこではじめて、
自分がどこを重要だと捉えているのか、つまり自分がどのよ
うに理解しているのかを、自分自身で知ることができる。

　そうそう、ここで誤解をしないでもらいたいのは、言語化
から欠けてこぼれた部分に価値がないと言いたいわけではな
い、ということだ。「言語化できた！」と思えたときはとて
も気持ちがいいけれど、それが唯一の正解になるわけではな
い。同じ内容を言語化するとしても、いろいろなルートを通
る線を引くことができる。ある視点では重要だったものが、
ある視点では全く線上にのぼらないということはいくらでも
ある。あなたの中で起きている複雑で豊かな理解は、いろい
ろな言語化の可能性を同時に持っているのだ。だからある説
明のルートからその大半がこぼれたとしても、うまく言葉に
ならなかった部分、説明しきれなかった部分も保留しておい
て、自分の中に泳がせておくのがいい。それがあるとき他の
こととぱちっとつながって、あなたの新しい理解を助けてく

れるはずだ。

自分が言葉にしたものを疑ってみる

　だから、説明をしようとするときにはまず、今わかっていることを列挙してみるのがいい。慣れてきたら口頭でもいいけれど、自分でふりかえるためには文字で書くほうがわかりやすいと思う。はじめのうちは、順序やつながりはあえて気にせず、箇条書きのようにバラバラのまま出していくのでかまわない。その次に、バラバラのものを順序づけ、さらにそれがどのようにつながっているのかを考えてみる。実際にはただの順番だけではなく、情報どうしが入れ子のような階層になっていたり、比較できるところがあったり、前にも出てきた「導出」や「たとえ」の関係だったり、いろいろな結びつき方をしていることだろう。自分が言葉にしたものと、書かれていることや自分の理解とを見比べているうちに、そういう結びつきが見えるようになってくる。そうするとだんだん、言語化があなたの心強い道具になってくれるはずだ。

　ここで大事なのは、自分が言葉にしたものを簡単に信じてしまわず、何度も疑い深く見比べることだ。ふしぎなことにわたしたちは、一度言葉にしたことを本当だと思ってしまいたくなるようだ。けれどだからこそ、簡単に間違いもする。だから、何度も確かめてもらいたい。読んでいた文章に書いてあったことと、自分が書いたことは本当に同じか。自分が

複雑に理解しているこの感覚と、書いたものを自分で読みなおしたときに受ける感覚は、どのようにズレているか。そこでは、書けたことよりもむしろ、書けていないことのほうを喜んでほしいのだ。言葉にすることがあなたの最終地点ではないのを忘れないでいてもらいたい。**あなたの目的はまず学ぶこと、そして学びつづけるための力をつけることだ。**そしてそれは、あなたが誰にも、自分自身にさえもごまかされず、たえず考えながら生きていくための力をつけることだと、わたしたちは思っている。

　だから、自分の言葉にしたものを、何度も見返して、自分自身で疑ってほしい。書いたものを読み返すのでも、しゃべったものを録音して聞き直すのでもいい。言語化に失敗したことを情けなく思う必要はない。あなたはそこではじめて、あなたがどのように理解していたかを「こうではない」という形で知るからだ。「こうではない」を重ねていくことで、あなたの理解は鍛錬され、しなやかに、強くなっていく。

　そんなふうに自分のした言語化を確かめていくことには、行きつ戻りつするだけの時間がかかる。だから、たくさんの人が一律に勉強を進めていくような環境でやるのはなかなか難しい。わたしがときどき「言語化」という言葉にどうしても引っかかってしまうのは、「言語化される前の A ＝言語化された A」というようなイメージに違和感を持つから、だけではない。そうやって他人のペースやリアクションにあわせることのほうを優先し、自分自身の言葉への疑いをなくした

言葉が、「言語化するのはいいことだ」という文句つきで出回っているのを、たびたび見かけるからでもある。

くりかえしておくけれど、言語化することが目的なのではない。大事なのはそのあとのことだ。言葉を発してみたそのあとで、実際に発された言葉と、本来自分の発したかったこととをしぶとく見比べること。そして、くりかえし修正をすること。それが、わたしたちの目的である。そしてひとりで学びはじめるあなたのほうが、ずっとそれがやりやすいはずだ。その点で、あなたをとても心強く思っている。

言語化をして、疑い、修正すること。それは、自分の理解に他者として向きあいなおすことであり、ひいては「世界がどのようであるか」と出会いなおすことだ。

「ありのままの自分を表現」しなくていい

ところで、考えたことや感じたことを言葉にするのがどうも苦手だという人は、大人でもたくさんいる。そういう人はどこかで、「言葉にするときには、自分を表現しないといけない」と思っているみたいだ。まして、「価値のある自分、いい自分を表現しないといけない」なんて思いはじめると、そりゃあ、うんざりしてくるに決まっている。あなたも経験したことがあるかもしれない。「ありのままの気持ちを自分の言葉にしなさい」なんて言われたわりに、暗に言ってはいけないことがたくさん決まっていたり、それがのちのち良し

66　第1部　理論編

悪しをつけられたりすると、いよいよ「自分の言葉」なんか何もないような気持ちになってくることだろう。

けれど、ここまで読んだあなたにはきっとわかってもらえただろう。自分を表現するなんて、言葉にすることの中の、本当にちっぽけな一部分にすぎない。学ぶために言語化をすることは、重要なこととそうでないこと、関係することとしないこととを見分け、一本の線を引くことである。それはつまり、あなたがいかにあなた以外のことについて語れるか、ということなのだ。

だから学ぼうとするときには、「わたしはAだと思う」という重たい装飾を外して、「Aである」と言い切ることだ。「わたしは〜思う」があるうちは、あなたの世界がどれだけ豊かに結びつきながら広がっていたとしても、ちっぽけな自分のことしか語れない。それに、間違うことができない。

けれど、あなたは間違えなくてはいけない。間違えないのなら、そのあとに修正することもできないからだ。言語化すること、つまり、重要でないと思ったものをいったん捨ててしまうことは、確かに怖い。前述したとおり、わたしたちはとてもよく間違える。あなたが「Aである」と言い切るならば、いよいよあなたの言葉は、決定的な間違いの可能性を含むだろう。

確かに、誰かの前で話すなら、間違いに対して慎重になったほうがいいこともある。けれど幸い、あなたはひとりだ。だから自分という重たい装飾を離れて、軽々と言い切ってみ

てほしい。それはつまり、ときに軽々と間違えてみてほしい、ということだ。そして、それを自分で疑い、何度も修正して、行ったり来たりしてみてほしい。全てを言葉にすることはできないとしても、しかしよりあなたの理解へ近づく言葉を探してみてほしい。あなたは、条件つきの「ありのままの自分」なるものを表現する必要はない。「自分の言葉」なんていうあやしげな文句も、あなたにはいらない。学ぶため、考える力のためには、理解したものを、ただふつうの言葉にすればいい。それで十分、あなたの言葉は鍛えられる。

　ひとりのあなたにならば、それができるはずだ。

第**6**章 考える

制約と跳躍

未知の問題について考えるには？

さて、ここまでで、様々な自学自習のためのツールの準備ができた。ここまできてようやく、**考える**ことについての話ができる。

考えることの大切さはよく強調されるけれど、この言葉が何を意味するのかは難しい。「考えなければ、結局本当の実力はつかない！」というアドバイスは、もちろんある面では正しい。けれど同時に、これまでの他の取り組みと比べても、「考えるとは何なのか」という問題はなおざりにされやすい。その結果、「正しい考え方」はなく、学習者がそれぞれで取り組むしかないものだ、と考えられがちでもある。

ここでまず伝えたいのは、未知の問題を考えるためには、まず踏まえるべき条件がいくつもある、ということだ。

もちろんここまで書いてきた「読む」「理解する」「覚える」「言語化する」ことの中にも、「考える」という行為は含まれていたはずだ。自学自習のためにひとつひとつのやり方をし

69

っかりと定義していこうとすると、それらが独立のものではなくて、やはり相互につながっていることがよくわかってくる。そして「考える」という取り組みこそ、それらをつなげるときに最もよく使われるものなのだ。ここまで説明してきた学習法をしっかりとたどろうとすると、どの取り組みの中でも、未知のものと既知のもののギャップを埋めようと努力することが求められる。その努力がつまり、「考える」ということである。

しかし、今まで話してきたこととは違う点もある。たとえば「理解する」ときに自分にとって当たり前の知識へと結びつけようと考えるのは、ゴールが見えている状態での努力である。もちろんそれは簡単ではないにせよ、決まったゴールがないままに考える場合（もちろん、実際には未知の問題を解くときにもゴールはあるのだが、少なくともはじめて解くときにはそう感じるはずだ）とは、やはり難しさの質が違うように感じるだろう。

だとすると、未知の問題について考える、ということにはどう取り組めばいいのだろうか。

ここまでを整理しよう。考えるとは未知のものと既知のものしのギャップを埋めようとすることである。そして理解することが、新しく知ろうとすることをあなたにとっての当たり前となっている知識に結びつけていくこと、つまり「未知→既知のギャップを埋めること」だとしたら、「考える」とはそれとは逆方向に、「既知→未知のギャップを埋めること」で

70　第1部　理論編

図1 「理解する」と「考える」の違い

あると言える（図1）。つまり、未知の問題について「考える」ためには、あなたにとっての当たり前の知識からスタートして、そこから何が出てくるのかを推論していくことが必要になる。

考えるとは未知へのジャンプである

　ゴールが決まっていない状態で考えることは、必ず間違えることを伴う。それも、一度ではすまない。言語化のところで軽々と間違えることの大切さを伝えたが、未知の問題について考えることもまた同じように、最初はほぼ間違いばかりだといってよい。自分にとっての当たり前がいくら増えようと、それだけでは答えの出ないものに対して、最初から正解を出すことはできない。考えるとは、間違えることを嫌がらない、ということでもあるだろう。

　またもちろん、自分にとっての当たり前の知識が少なすぎる状態では、そもそも考えることなどできない。土台となる知識がないままに考えようとしても、それは単なる当てずっぽうであり、万一当たったとしても再現性のない正解でしか

ない。考えるためには、知っていなければならない。しかし、知っているだけでは、考えられない。**考えるとは既知から未知へのジャンプである。**

　そして、そのジャンプのためには、言語化しようとしていくことが必要だ。言語化のところでも書いたとおり、言語は線的であるからこそ、多様な現実を一度に捉えられないという限界を持つ。一方で、線的であるからこそ、そこから次に何が言えるか、ということを予測して考えるためのツールにもなりうる。逆に面的なままで捉えているときには、複雑すぎて、次の予想など出てくるはずもない。この点からも、考えるためには言語化が役に立つ。言語は多様な現実を単純化してしまうという弊害も持つが、だからこそ予測のツールにもなりうるのだ。そのことを教わらないまま、「しっかり考えなさい！」と言われても、難しいだろう。

　一方で言語が多様な現実を単純化してしまうことは、その線的な予測が現実から大きく食い違う可能性をいつでも持っている、ということでもある。だからこそ、**間違えることを前提とした試行錯誤がとても大切であり、未知の問題に対して最初からは正解を導けなくて当たり前であると捉えることが大切だ。**そしてこの点に関しては、どんなに勉強が得意な人であっても条件は同じだ。未知のものに対しては試行錯誤しつつ、言語化による線的な予測が、現実から離れていないかどうかを確認していくしかない。

未知の問題を考えるための4つの条件

「考える」ことをそのように捉えると、未知の問題を考えるために必要な条件がわかってくる。

❶自分にとっての当たり前の知識が不足していないかどうか、さらには❷それらを言語化することで出てくる線的な予測を利用しようとしているかどうか。これらは考えることについて、あなたがまずはじめに確認しなければならない条件である。それと同時に、当たり前になっている知識を増やし、言語化や線的な類推力こそが大切であることを教えてもらえるような素晴らしい授業を受けていても、あなたはその最後のジャンプのためには、自分で試行錯誤をしていかなければならない。だからこそ、考えるという行為はあなたしかできない孤独な取り組みにならざるをえない。

あなたの身近なところで未知の問題を考えることが求められるのは、「問題を解く」ときだろう。既知の問題を解いているだけでは未知の問題を解けるようにはならない、ということを以前に書いたが、その理由は解くことが既知のものをなぞるだけに終始してしまっていることが多いからだ。だとすると、問題を解くことが未知の問題を解けるようになることにつながっていくためには、未知のものについて考えるという行為自体を練習する必要がある。

そのためには、あなたの当たり前の知識の中で、どれが目の前の未知の問題を考えるための「足場」として関係してい

第6章 考える　73

るのかを分析する必要がある。関係の深くないことから目の前の問題を解こうと努力しても、その既知→未知のギャップを埋めることは難しいからだ。既知から未知とのギャップを埋めるためにジャンプするとき、飛び越える幅は小さければ小さいほどよい。どこからジャンプすれば届くのかを探さずに、むやみやたらにジャンプするのは無謀だ。そのためには目の前の、❸未知の問題があなたの当たり前の知識の中で、どれと距離が近いのかを選べるようにならねばならない。

また、正しい答えにたどり着くまでの試行錯誤のプロセスこそが大切だ。そして、その試行錯誤のプロセスでは、❹頭の中にあることを書き出し、書き出したことからフィードバックを受けて、ふたたびそれについて考える、ということが必要となってくる。考えるとは、言語の線的な性質を利用した予測である。だとすれば、その線的な予測が本当に現実を捉えているのか、をチェックするためには、頭の中でぼんやりと漂わせているだけでは難しい。実際に書き出す必要がある。そして書き出したことをじっくりと吟味してみてはじめて、「こうではないか？」と最初に予測したことが現実を捉えているのか、それとも全く違う方向に進んでいるのかを検証することができる。

考えることには時間をかける

と、ここまでを読んでもらえばわかるように、「考える」

74　第1部　理論編

ということには、とにかく時間がかかる。あなたにとっての当たり前の中から距離の近い適切なものを選び、言語化による線的な予測を立て、それが実際に現実に合っているかどうかを書き出してはチェックしていく、というように。逆に時間をかけないで考える、ということはどのような天才にもできない。あなたの解けない問題に対して誰かがすぐに答えを出せるのは、あなたにとっては未知の問題でもその人にとっては既知の問題である、というだけである。未知の問題に瞬時に答えを出せる人など、実は地球上にひとりもいない。だからこそ、考えることには十分に時間を取っていかねばならない。

　そしてそのためには、ここでもまた大量の問題を解くというのが有害であることに気をつけよう。こなすことのできる大量の問題は、あなたにとって考える必要のないアウトプットの練習になっているだけだ。もちろんそれはそれで必要だが、未知の問題を考える練習には全くなっていない。未知の問題を大量にこなすことは、誰にとっても物理的に不可能だ。だからこそ、あなたが「考える」必要のあるレベルの問題を解くときには、問題数は徹底的に絞り込まねばならない。考える時間を確保せずに大量に解く、などというもったいないことをしてしまっては、あなたの考える力は決して伸びないだろう。

　既知から未知へのジャンプを成功させるためには、目的地のために選択可能な足場（自分の持っている知識）をリストア

図2　既知から未知へのジャンプ

ップし、どの足場からが一番近いか（その中でどれを選ぶか）を選び、そのうえで、線的な類推（言語化による補助線）を書き出していかなければならない（図2）。失敗してもそれはそれで大切な試行錯誤のひとつだ。どこが失敗であったのかをふたたび言語化によってチェックし、しっかりとその失敗の原因を吟味していけばよい。そのようにして、より精度の高い補助線や、より精度の高い足場選びができるようになっていく。それが未知の問題を考える力である、と言える。

　ここまでを踏まえてみると、未知の問題を「考える」と何となく言われていることが、複雑な条件を必要とすることがわかるだろう。考えるためには、必要な条件のうち、あなたに足りていないものをまず準備しなくてはならない。そのうえで、どれが目の前の問題に関連があるか、どれは関連がないか、またそれはなぜか？　なども言語化できなければ取捨選択の基準も作れない。

さらに言語による線的な予測と、それが現実に即しているかをチェックするための試行錯誤を何回も必要とする。しかも、その試行錯誤は、大抵の場合が失敗である。何が失敗であったかを丁寧に分析するために、試行錯誤の過程を書き出していかねばならない。書き出すことによって、わたしたちはそこからフィードバックを受け、自分の頭の中にあった線的な予測自体が現実を捉えているかどうかを改めて考察の対象として見直すことができる。未知の問題を考えるためには、これら全ての条件を踏まえる必要がある。

　こう言うと、難しそうでなんだか絶望的な気分になってくるかもしれない。けれど自分にとって既知のものが限られている、という制約こそが、実は考えるという行為のヒントとなる。既知のものをじっくりと見つめることから可能になるのは、「理解する」という未知から既知へのジャンプだけではない。「考える」という既知から未知へのジャンプを支える補助線の引き方もまた、既知という制約の中から見えてくることになる。

制約を見つめよう

　まとめよう。自学自習なら、考えるために必要な4つの要素（❶〜❹）を自分が踏まえているかどうかを確認できる。そしてそのうちのどれかが足りなければ、まずはそれを補う努力からしていくことができる。そして何より、これらの時

間がかかる取り組みに、必要なだけ時間をかけることができる。その点でも自学自習は考えることにも向いていると言える。

　「正解」をてっとり早くほしがるなら、「考える」という取り組みは誤りを生み出す場合のほうが多く、効率が悪く感じるかもしれない。しかし実は、「誤り」こそがわたしたちにとって大きな可能性であるとも言える。試行錯誤した中での誤りは次の思考や発見の宝庫であり、あなたの勉強にとって決して無駄にはならない。「考える」ことは正解を出すためだけではないのだ。考えるための方法論を鍛え、失敗の蓄積によって多面的な理解を深める。その全てがあなたの血肉となっていく。

　また、考えることが最も必要になるのは、**あなたが新しい何かを生み出そうとするときだ**。思いがけなく引かれた補助線によって現実の気づかなかった「一面」が新たに構成されていくように、だ。たとえば文学とは、比較的見えやすい現実を足場にして描かれながらも、わたしたちに普段見えていない現実を指し示すその一本の補助線を呼ぶときの名前である。そしてその補助線は制約をじっくりと見つめることから生まれる。

　科学においても、その時代の大多数が現実を描いていると信じる理論が、やがてその限界を見出されて覆されていくということもまた、実際に歴史の中でくりかえし起きてきたことでもある。わたしたちが仮説や理論を通じてしか現実を解

釈できない以上、真摯に制約を見つめたうえで考えた結果から出てくる「誤り」は、わたしたちが今採用している認識枠組み自体の限界を示していることすらありうる。

　念のため書き添えれば、現実と食い違う結果ならば全て意味がある、というわけではない。考えた結果は自由であるとはいえ、それが現実の一側面を確かに描いているかについては、そのプロセスや前提条件を（万人にではなくとも）他の人と共有できるかどうかが厳しく問われる。その試行錯誤のプロセスのうちに現実を捉えている部分がないのだとしたら、その推論は誤っている。

　このように、わたしたちが自らに与えられた制約を見つめ直し、考えようと試行錯誤していくとき、制約は表面的な有限性を脱ぎ捨て、様々な可能性をひらくことになる。**限られている、ということはひらかれている、ということだ。**まるで最大の制約である自らの死を見つめ直すことが、わたしたちにとって可能性の唯一の源泉であるように、だ。もちろん制約からの跳躍は、未知なる不確実さへと向かうものであるからこそ、たくさんの誤りを生むだろう。しかし、線的な類推は、単純であるがゆえにわたしたちに不自由な既定路線を粛々と歩ませるための非人間的なものにもなりうるとともに、わたしたちがどうにも恐ろしい自由の中でそれでも勇気を振り絞って未知へと跳躍するための補助線としても用いることができるはずだ。

　だからこそ、考えるための条件をしっかりと満たしたうえ

で、考えるということにじっくり時間をかけることが大切だ。自学自習をするあなたは、その時間をたくさん取ることができる。そして、考える方法を正しく踏まえたあなたがじっくりと考える時間を取ることは、あなたの可能性を広げるだけでなく、この社会全体の可能性を広げることにもつながるのではないか。少なくとも、わたしはそう信じてこの本を書いている。

第2部
実践編

理論編とのつながりを意識しながら、
各科目の勉強法を見ていこう。

第7章 英 語

　覚えることは最小限に。それをくっきりと覚えることで、使いこなせるように。英語の場合、英単語と英文法がとても大切だが、それぞれについて具体的に書いていこう。

英単語

《くりかえし使える知識から》

　英単語を覚えることに関しては、ひたすら努力をするしかないように思うかもしれない。しかし、ここでもコアとなる知識を使いこなすことで何十倍にもつながり有効活用できる知識と、枝葉にすぎず、覚えたとしても広がりを持たない知識とに分かれている。その違いを見分けることが大切だ。

　英単語に関して、コアとなるのは接頭辞（前につくパーツ。dis-, un-, en- など）や接尾辞（後ろにつくパーツ。-ful, -less, -er など）といった多くの英単語で共通して使われるパーツだ。これらを覚えることでひとつの単語から、たくさんの派生語を作り出せるようになる。また、接尾辞は語尾からその単語の品詞

82　第2部　実践編

を絞り込むことができるようになる。まずこれらを覚える努力をすれば、ひとつひとつの派生語を別の単語として個別に覚える努力と比べて、多くの英単語を整理しながらマスターすることが可能になる。

　また、英熟語に関しても同じことが言える。英熟語を「覚え」てはいけない。単語と単語の組み合わせから熟語が成り立つ以上、その動詞の基本的なイメージや前置詞や副詞の基本的なイメージを組み合わせることで、英熟語の意味を引き出せるようにしていくことが大切だ（たとえば、look after なら look（見る）after（〜のうしろ）なので、「〜の後ろから見る」→幼児の後ろから見守る親！のようにだ）。

　もちろん、「英単語なんて覚えなくてよい！」「英熟語なんて覚えなくてよい！」というかっこいい主張をしたいわけではない。接頭辞や接尾辞の意味と品詞を覚えること、基本動詞や副詞、前置詞の基本的なイメージを覚えることは、やはり避けて通れない。また、「英熟語を単語と単語の基本イメージから引き出す」といっても、そのためにはそこそこ抽象的なイメージを取り扱うことへの慣れが必要で、結局覚えてしまったほうが早い熟語も多かったりする。

　しかし、である。覚えるべき知識にも重要性の違いがある。くりかえし様々な場面で使われる知識と、個別のことにしか使えない知識という違いだ。接頭辞や接尾辞といったパーツ、基本動詞や前置詞や副詞の意味、というのはくりかえしくりかえし使うものであるからこそ、覚えておくととてもコスパ

第7章　英語　83

のよい知識である。

《頭の中にデータベースを作る》

　また、そのように覚えたことを使って類推していく姿勢は、「ひたすら覚えるしかない」という諦めから、「覚えたことを使ってどのように目の前の内容を定着させていくか」という新たな取り組みへと扉をひらくことになる。自分にとって、新たな内容を覚えるにせよ、理解するにせよ、既存の知識との関係性においてそれを定着させようとする姿勢を身につけることは、ここまでに話した自学自習法の基本からも自然な取り組み方だろう。

　勉強をするときに学習内容が定着しない理由は、自分にとって既にある知識や理解に照らし合わせて新たな内容を吟味する機会を与えられないままに進んでいくからだ。反対に、自分にとっての当たり前と照らし合わせながら覚えたり、考えたりというプロセスを学習においてくりかえしていくほど、その学習内容は定着してくる。

　当たり前の知識と照らし合わせるためには、それを覚えてなければならない。接頭辞、接尾辞、基本動詞や前置詞、副詞の基本イメージをくっきりと覚えることで、新たな知識を学ぶ際に何度でも参照することのできるひとつの基本的なデータベースがあなたの頭の中に準備される。その準備によって、あなたは新しい知識を鵜呑みにせずに、たえず参照し、考えるための材料を手に入れられる、ということになる。

一方でこのことは、「覚える」ということの目的を変えていく。

　たとえばうっすらと覚えても、そんなものを使いこなせるわけがない。何度も使う当たり前の知識こそ、きっちりと使いこなせるレベルにまで（頭の中に瞬時に選択肢として思い浮かべられるレベルにまで）徹底的に覚えていくことがまずは大切だ。ここにおいては、何度も使うようなこれらの基本知識は何となく覚えたり、ということでは許されない。

　多くの学習者はくりかえし使うはずのそのような大切な知識をふんわりとしか覚えておらず、そしてひとつひとつの個別の（それぞれにおいては頻度の低い）知識を覚えようとしすぎている。その点では、覚えるべき知識の重要性を判断せずに、平板に同じように覚えてしまっている。正しい覚え方は大切な知識を徹底的にくりかえして覚え、個別の知識はそうした基本的な知識と関連させるように、ということだ。

　「覚えるだけでしょ」とついつい思いがちな英単語の学習においても、このように「覚える」「理解する」「考える」という３つのプロセスを踏むことが、実は効果的な自学自習のためには必要である。

英文法

《いきなり文法問題を解かない》

　もうひとつの柱である英文法についても、基本的な知識を

徹底的に身につけるべきだという点で、同じことが言える。英文法の理解において一番大切なのは、品詞（言葉の種類）に分解することと、その語順だ。名詞、形容詞、副詞、動詞、前置詞、接続詞など、各品詞がどのようなものかを説明できること、そしてそれらが自分の頭の中でくっきりと選択肢として思い浮かべられること、そして英文の中で各々の品詞がどのような順番でつながるのか、といったことが、徹底的に身につけるべき基本的な知識である。そして、その知識を使って実際の英文を読むときに、「どの品詞だろう？」と考え、浮かんだ選択肢の中から特定できるように使いこなしていく練習をする。

　ここで気をつけてほしいのは、英文法を身につけるためには、英文法の問題集をいきなり解きはじめないでほしい、ということだ。英文法の問題集はこうした「品詞分解→文構造の把握」ということがしっかりとできるようになってからでよい。それもあやふやで未知の英文に対して品詞の分解もできないうちに英文法の問題集をくりかえし解いても、英文法の力は何も身につかない（そして、これがこの章で「解く」を「考える」と書いている理由でもある。あなたは英文法の問題集を解かされすぎてしまっていることがあまりにも多い）。

　品詞がわかれば、それを使って文構造（SVOC）がわかる。しかし、文構造が大切なことについてはそれなりに強調されるものの、品詞分解が重要なことについては、あまり理解されていない。目に映る英文を全て品詞に分解できるようにな

86　第2部　実践編

ることが、英語を読めるようにも書けるようになるためにも重要である。

《見分けるために品詞は覚える》

そして、そのためにはやはり品詞の種類と役割に関しては徹底的に覚えることが必要となる。たとえば、じゃんけんをするとき、「じゃんけんって、グーとチョキともうひとつなんだっけ？」という状態では、困るだろう。頭の中に明確に選択肢があるからこそ、そのどれを選ぶか、瞬時に使いこなすことができるようになる。同様に、品詞の名前や役割を覚えないままでは、品詞分解をしようとは思えないだろう。人間は言葉で物を区別するため、分類のための名前を覚えられていないものは、そもそも別のものとして認識できない。自分にとって馴染み深いものについては分類のための言葉が増えていくというのは、そのあらわれだ。これは自分の趣味のように自分が詳しい分野に関しては他の人が気づかない区別を難なく分類できるし、そしてそれらは名前に紐づけられているはずだ（たとえば、ガンダムのマニアの人には見分けのつくたくさんのガンダム同士の区別は、名前を知らないわたしには難しい）。だとすると、品詞の名前と役割を覚えないまま文法を学習しても、品詞の区別をつけられるわけがない。そしてそれは文構造を把握するうえで大きなマイナスとなる。

とはいえ、「品詞は数が多いから覚えるのが大変！」という理由で、これらを諦めてしまう人もいるだろう。あるいは、

第7章 英語　87

先生たちもそれを懸念して、品詞の分類をしっかり教えない、というアプローチを取っている場合もある。しかし、基本的な分類を覚えずに区別をしないなら、目に映る英文を何となく覚える以外の方法を取れなくなってしまう。品詞の数が多少多くても（とはいえ20個もない）、それはくりかえしくりかえし使う根本的な知識であり、そしてその分類を覚えるだけで未知の英文も自分の既存の知識を使って分析できる、極めて強力なツールである。だからこそ覚えるべきなのだ。そして、くりかえし使うものこそ、徹底的に覚えるべきだ、というのは接頭辞や接尾辞と同じだ。

効果的な英語の自学自習法

さて、ここまでは単語や熟語、品詞分解というミクロな勉強について書いてきた。あなたは「実際に入試で出るのは長文だから、英語の長文をひたすら読めばよいのでは？」と考えたり、またそのような指導を受けていることも多いだろう。しかし、入試においてははじめて読む長文に接するわけで、これは自分にとっての既知から未知を考えていく（⇒「考える」）、という最終段階である。

その練習に入る前にはこうした既知の部分がどれだけしっかりと定着し、理解され、使いこなせるかどうかがまず前提となる。完成を急ぎすぎて、早いうちから長文の問題を読んだり解いたりする練習ばかりして（させられて）しまってい

88 　第2部　実践編

る中高生は非常に多い。しかし、単語学習においての接頭辞や接尾辞の意味、熟語学習においての前置詞や基本動詞の意味、文法における品詞、のように何度も使う基本的な知識に関しては徹底的に習熟することがまず必要である。

　同様に、長文においてもまた短文での文構造がどのような形でもしっかりと取れる、という基本的なスキルをまずは徹底的に習熟することが必要だ。それがあやふやな状態であるのに「どうせ入試では長文が出るのだから、ひたすら長文をやればいい！」とやってしまうと、数学だったらひたすら入試問題を解いては何も残らない、というのと同じ失敗に陥ることになり、何も力がつかないままに終わってしまう。

　また、「長文の復習を丁寧にすればいいじゃん！」と思っても文構造についての習熟した既知が少ない状態での復習など、何を復習すべきかまるでわからないままに解説を読んで「ふーん」で終わることになる。それは一見近道に見えて、あなたの貴重な勉強時間をただただ浪費するだけだ。

　まとめよう。効果的な英語の自学自習法は、

❶ 自分が未知の単語を覚えたり、未知の英文を読んだりするときに、参照先となる根本的な分類（接頭辞・接尾辞・前置詞・基本動詞／品詞・SVOC）に関してはまずきっちりと覚えること。

❷ それら以外の知識は最初からそんなに頑張って覚えなくて

いいこと。

❸ そのうえで、❶を使って未知の単語や熟語、英文に対して取り組んでいくときに既知の知識へと参照し、考え、分析していくこと。

❹ 短文について既知の文構造を増やし、はじめて読む英文に対しても文構造の把握を使いこなせるレベルまで徹底的に取り組んでからでも、英語長文に取り組むのは遅くない、ということ。

が英語学習においては必要である、ということだ。

あなたが絶えず使いこなすことになる基本的な分類やパーツをしっかり覚え込もう。それが定着するまでには、いくらでも時間をかけるべきだ。そして、それらをきっちりと覚えてから、徐々に知識を増やしていけばいい。そのように、分類や整理のための知識が土台として定着している状態で新たな知識を増やそうとする勉強は、覚えているのか、理解しているのか、考えているのか、自分でも区別がつかなくなっていくだろう。それが確かな基礎のうえに定着させる、ということだ。そのようにして、あなたにとって学ぶ内容の中でくりかえし使う既知のものが互いのつながりを増しながら固まっていくほどに、それとの関係性において考えたり覚えたりしやすくなっていく。

「覚える」というときに、くりかえし使う基礎となる知識と枝葉の知識との間に区別をつけて、前者が定着するまでは

後者にあまり時間を割かないこと。

「**理解する**」というときに、そうした基礎となる知識へと関連性（どこ？）や論理（なぜ？）によって結びつけようとすること。

「**考える**」というときに、基礎となる知識からどのように新たな内容を導けるのか、を論理によってつなごうとしていくこと。

自学自習について語ったこれまでの全てが、英語の具体的な学習においても必要である。

コラム1

勉強する理由は「楽しいから」か？

　ところであなたは、勉強することが楽しいだろうか。

　そしてひょっとして今、そう聞かれただけで、ちょっと嫌な気持ちにならなかっただろうか。性格の悪いわたしなら、きっとなるだろう。しかも、言葉の外にある意味をあれこれと深読みして。

　「勉強とは楽しいものだ」、さらには、「だから、勉強するべきだ」と言う人がいる。勉強を勧めるものの常套句と言ってもいいかもしれない。言いたいことはわからないでもない。新しいことを知るのが面白い、という素朴な感覚は子どもでもあるだろうし、「考える」で説明したような、既知のことから未知のことへ、また未知のことから既知のことへ、高らかにジャンプできる筋道がつながった瞬間には、なんともいえない喜びがあるものだ。

　けれどそのうえで、なお疑問に思う。勉強することは、本当に楽しいだろうか。どちらかというと、苦しいことのほうが多

いんじゃないだろうか。

　あなたに勉強することを勧めるものとして、この問題について、そしてわたしの深読みについて、ちょっと話してみたい。

◉ 勉強が楽しくないのは、ふつうのこと

　ここまで読んできたあなたにはわかってもらえると思うけれど、勉強するために、さらにはみずから勉強する力をつけていくためには、試行錯誤が欠かせない。自分自身が持っている思い込みを疑い、問いなおし、あらためていく必要がある。そのためには自分の得意なことよりも、今の自分に足りないことのほうを考えないといけない、というのは、「学ぶ」の章で話したとおりだ。その作業があまり愉快なものになりづらいのは、想像してもらえると思う。

　それに、勉強することの成果はそこまで早くも、わかりやすくも出ない。自ら反省して改善しないとならないことがある（ただ大量の問題を解いたり、結びつかないままの知識を詰め込んだりするだけで満足してしまっていないか、などなど）一方で、結果を急がずに根気よく反復しないといけないこともある（「覚える」まで同じところを読む、じっくり時間をかけて考える練習をする、などなど）。だからこそ自分で自分を観察し、「できるようになった」と自分でわかることも大事なのだけど、そのため

にはまず「これができなかった」をわかっていないといけない。だから、勉強を重ねていくほどに自分の「できなさ」にうんざりしてくるのも、当たり前のことだろう。

　それになんたって、あなたには時間がない。何か試験を受けるのならはっきりと期日が決まっているし、もしそうでないとしても、学ぶことはいつでも次の学ぶべきことを連れてくる。知らないことは無限にあるにもかかわらず、あなたやわたしはそのうち死ぬのだ。学校を卒業したあとだって、わたしたちは急がないといけない。さて、はたして、勉強することは本当に楽しいだろうか？

　だから、あなたに「勉強は楽しいのだから、するべきだ」と言う人がいたら、その人が勉強の何をもって楽しいとしているのか、ちょっと注意してみてもらいたい。その人は勉強するとき、あなたのように試行錯誤を重ねているだろうか？ できることばかりを満足げに数えるのではなく、できないことのほうへ向かっているだろうか？ ときに自分の愚かさにうんざりし、日々の短さにため息をついているだろうか？ もしそうでないのなら、その人が勉強を楽しんでいるように見え、そしてそれに比べてあなたは楽しめていないように思えるとしても、あなたが気にすることは何もない。その人が楽しい程度にしか勉強をしていないだけだと思っておけばいい。

ここで誤解のないように一応言っておくと、「だから、あなたは苦しむべきだ！」と言いたいわけではない。少数とはいえ、試行錯誤すること自体が楽しくて仕方ないような、一種のマゾヒスティックな天才もいるものかもしれない。それにさっき話したとおり、うんざりしながら勉強しているわたしのような凡人であっても、「理解した」瞬間には喜びがあるものだ。だから、「苦しくなければ勉強とは言えない！」という反対方向に極端な意見もまた間違っている。というかそれは「楽しくなければ勉強とは言えない！」の亜種にすぎず、どっちみちたいした意味を持たない。

　ともかく言いたいのはこういうことだ。勉強が楽しくないことは、あなたが勉強ができていない理由にも、ましてあなたが勉強をしなくていい理由にもならない。かといって特別価値も持たない、ふつうの、よくあることだ。

● 勉強が楽しくないあなたの勉強には、価値がある

　そして何より、あなたの「楽しくなさ」こそが、あなたが勉強をする理由にもなるはずだ。「勉強をするべきなのは、勉強が楽しいからだ」というせりふを真に受けるのだとしたら、先に挙げたような少数の「天才」だけが勉強をしていればいいことになってしまう。元から能力に差があるのは、なんだか不平

コラム1　勉強する理由は「楽しいから」か？　95

等だと感じるだろうか。けれど、自分が「天才」でないことを理由にあなたが勉強をしなくなってしまうのなら、それはそのままあなたが不平等を支持することになってしまう。

そもそも「天才」という言葉がなんだかあやしい、と思ったのなら、あなたはするどい。仮に、生まれつき何かの能力を持っている人のことを「天才」と呼ぶのなら、それはいわゆる「頭のよさ」だけの問題ではない。生まれた地域や、貧富や、周りにいる人たちの性質によって、わたしたちは大きな影響を受ける。だから天才なんていない、と言うこともできるかもしれない。しかし同時に、そういう広い意味での「生まれ持ったもの」の差は、確かにある。「勉強を楽しめる」という能力にもまた、そういう外側の要素が大きく影響する。

そしてわたしは、「生まれ持ったもの」の多い人たちだけが勉強をし、そうでない人たちは「楽しくないなら、しなくてもいい」とみなされて、勉強をしないままでいる世界を、あまりいい世界だとは思わない。「はじめに」で述べたように、勉強することはあなたが自由になるための力をつけていくことにつながる。既にある不平等を呑み込まされないようにするために、あなたは勉強をしないといけない。「勉強が楽しくないとしても」ではない。「勉強が楽しくないからこそ」、そのあなたが勉強をすることに価値があるのだ。

ひとりで学びはじめるあなたには、つまり、これからきっと何度もうんざりするであろうあなたには、そのことを覚えておいてもらいたい。もう一度言っておこう。

　勉強が楽しくないことは、あなたが勉強ができていない理由にも、ましてあなたが勉強をしなくていい理由にもならない。

　これから勉強をするかぎり、自分の「できなさ」を睨みつけ、つぎつぎに振り切っていかないといけないあなただ。せめて自分の「楽しくなさ」とは、なんとか連れ添っていくのがいいだろう。そして、同じようにひとりでうんざりしながら勉強しているわたしたちのような凡人がいることを、ときどき思い出してもらえるとうれしい。

● 暗い楽しみに魅せられて

　最後に余談として、ちょっとだけ大人たちの肩を持っておこう。「楽しいから」とあなたに勉強を勧める大人たちは、必ずしもあなたを都合よくごまかしたいだけではない。かといって何か生まれ持っただけの「天才」でも、単に試行錯誤をさぼっているだけでもない。十分に苦しんだうえで、しかし本心から勉強が楽しいと言っている大人も、ときにはいるのだ。

　正直に言うと、その気持ちがわからないわけではない。おおむね勉強が苦しいわたしのような凡人であっても、だ。けれど

コラム1　勉強する理由は「楽しいから」か？　97

それはなんというのか、「楽しいから、勉強しよう！」と勧めるには、ちょっと頼りない。苦しいこと、うんざりすることが山ほどあって、その中に時たま楽しい瞬間が、それも予期せずに訪れる、という程度のことにすぎない。あまりにささやかで、どこか暗い楽しみなのだ。収支でいえば完全に赤字だ。

　けれど、その効率の悪い喜びに惹きつけられ、中毒のように苦しみながら勉強をする大人たちがいることも事実だ。そして、もしそのためにあなたが勉強をしたいというのなら、そしてそれに付随するたくさんの苦しみをも引き受けてくれるというのなら、きっと大喜びであなたを歓迎するだろう。

第8章 数学

いきなり問題集を解いてはいけない

数学においてもまた、「覚える」「理解する」「解く」の3つが大切だ。ただ、数学においても注意しなければならないのは、ほとんどの場合、あなたは問題集を解きはじめるのが早すぎるし、たくさん解きすぎているということだ。

覚えるべきもの、理解すべきものがあやふやな状態のままで大量に問題を解いてはならない、というのはこれまで話してきた。未知の問題を解くのが「考える」であるのなら、それは既知→未知への試みだ。それが可能であるためには、既知がしっかりとした土台になっていること（「覚える」）、未知→既知への筋道が見えていること（「理解する」）が必要になる。

それに対して、数学で苦手な人がよく陥っている状態は、

❶ 公式を覚えて、問題集を解くだけ。
→公式を覚えたらそれをひたすら当てはめているだけ（「理解する」が足りない）

99

❷ 公式を見ながら、問題集を解くだけ。

→覚えるべきものは覚えてないままに、見ながら解くだけ

　（「覚える」「理解する」が足りない）

という状態である。この状態ではいずれ行きづまるし、また問題が難しくなればなるほど、手も足も出なくなるだろう。

　勉強以外にたとえるなら、これは貧困だ。たとえば人は貧しい状態になればなるほど、「毎食節約してカップラーメンを食べる」というような食生活をしてしまう。毎食カップラーメンを食べるよりは自炊をしたほうがはるかに食費がかからなく、また健康にもよいのに、だ。しかし、そのためにはまとめてお米を買ったり、炊飯器を用意したり、さらには調理のための時間を取ったりなどと初期投資が必要になる。その初期投資をすることで結局は食費を抑えられるとしても、それができないほど貧しい状況に追い込まれれば、はるかに高い食費を延々と払いつづけることになり、結局貧困からは抜け出せなくなってしまう。そうならないためにも、**数学の勉強でも「初期投資」がとても大切だ。**

問題を解く土台を作る

　数学においてもまた、基本的な定義（用語の意味）を覚えることと、その定義から定理や公式（定義を決めたことから言えるようになったこと）を理解し、自分の言葉で説明できるよう

にすること、という2つが大切だ。そしてこれらには時間がかかるものだ。最短距離で入試に間に合わせたいあなたには、さっさと問題集を解いたほうがいいように思えるかもしれない。しかし、それはカップラーメンのようなもので、実はとてもコスパが悪い。

問題集を解きはじめる前にじっくりと教科書や参考書を読み、そこに書いてある図やグラフを自分でも書いたり、公式の導出のための式変形を自分でできるか試したりして、覚えたり理解をしたりすることに時間をかけていく、という初期投資をすることが結局は最も近道である。少なくともそのように教科書や参考書に書いてあることを覚えたり理解できたりしたあとに教科書や参考書の中の問題を解けばいいし、それがあやふやなうちは例題だけ、というように教科書や参考書の中でもさらに問題数を絞って解くのでもいい、と言ったらあなたは驚くだろうか。

定義の把握や定理や公式の導出（なぜそうなるかを自分で説明すること）がある程度できるようになるのを待ってから、問題集へと移行していくことがあなたの力になる。定理や公式が大切なのは結果だけではない。なぜそれが成り立つのか、というプロセスや考え方があなたの中にあればあるほど、それらは孤立した知識ではなく多くの周辺情報を伴ってまず覚えやすくなるし、覚えるまでもなく自然な結論ということになる。

そして、そのように結果に至るまでのプロセスや考え方こ

第8章　数学　101

そが、あなたが問題集を解くときに土台として参照すること
のできる大きな財産になっていく（それはまた、「理解する」の
ところで書いた「内側の論理」を鍛え上げていく、ということでも
ある）。それをしないで、さっさと問題集を解こうとすれば、
所詮は見よう見まねにしかならない。どんなにたくさんの問
題を解いてもその記憶はすぐに剥がれ落ちてしまうだろう。

　「問題をたくさん解かなきゃ！」とプレッシャーをかけら
れ、理解することをおろそかにする勉強の先は行き止まり
だ。それは「カップラーメンのほうが調理が早くて安い」と
いうのと同じ、浅はかな見方だ。しかし、このようなプレッ
シャーをとかく学校でも塾でもかけられてしまうし、自分で
もそう思い込んでいる人は多い。

　問題集で問題を大量に解きはじめる前に丹念に追われなけ
ればならないはずの記憶と理解のプロセスが、「あなたが授
業を聞いた」というただそれだけの事実でまるで何の滞りも
なく完了していると見なされてしまいがちである。しかし、
授業を聞いただけで全て理解ができるのなら、そのような人
は勉強の天才だ。

　勉強の天才を前提とした無理な進め方を押しつけられること
を拒絶し、記憶や理解に丹念に時間をかけられることこそが、
自学自習の強みである。逆に言えば、自学自習なのに学校や
塾でやらされるのと同じように「質より量！」「習うより慣
れよ！」とひたすら問題集を解いてしまえば、その自学自習
の強みを自ら捨てることになってしまう。

第2部　実践編

定義を見ずに言えるか

「理解する」とはどういうことかは「理解する」の章にも書いた。少しはみ出るくらいがいい。逆に言えば、だいぶ自分の知っていることからは遠いところまで来てしまったなと思ったら、自分の知っていること、自分の理解していることを確かめる作業をくりかえすことが大切だ。

そのために必要な知識を覚えているかのチェックや、理解しているかどうかのチェックはどうやってできるだろうか。それは「自分で」言葉で説明ができるか、ということである。

「自分の言葉で」と言いたいところだが、自分の言葉を持つというのは難しい。わたしたちが、借り物ではない自分の言葉などそもそも持つことができるのかという根源的な問いはさておき、教科書や参考書に書いてあることを別の言い方で表現するのは、かなり高度なことだ。まずは教科書や参考書に書いてあるままの定義を、見ないで自分で言えるようになることからスタートしよう。

すると、それすらも正確にはできない自分にあなたは気づくだろう。「変化の割合って何？」「切片って何？」「円周角の定理って何？」「有理数って何？」「微分係数って何？」と問われて説明できるだろうか。だいたいは「こんな感じ？」とあやふやな図を書いたり、「変化の割合は傾き！」と断片的な知識で満足していたり、とテキトーだ。しかし、断言しよう。重要な概念の定義（言葉の意味）があやふやな状態で問

第8章 数学 | 103

題を解くのは効率が悪い。それらがあやふやなら、問題を解く前に見ないで言えるようにはしておいたほうがいい。

　また、これらの重要な概念を言葉としてだけ覚えていても仕方がない。（一次関数の）「変化の割合」という言葉を知らない中学生は少ないだろう。聞いたことはあるはずだし、何なら漢字だって書けるはずだ。しかし、それがどう定義されているかを言える中学生となると、とたんにガクンと減ってしまう。そして、それでは全く使いこなすことができない。「変化の割合とは y の増加量／ x の増加量（※分数）だ」まで言えて、はじめて使いこなせる。

　なぜそれができてないのかといえば、「変化の割合」という言葉だけ覚えるようなテストやチェックをしてしまっているからだ。しかし、言葉だけ知っていてもテストの穴埋め問題しかできない。全ての重要な言葉（教科書の太字の言葉）についてその定義（意味）が自分の中からすらすら出てくるところまで定着させるとよい。「内側の論理」［⇒ 36 頁］を使って理解するためには、単語だけではなく、単語の意味同士の基本的なつながり（関係性）があなたの中にあることが大切だ。

　そして、それが直線の傾きと等しいこと、さらに高校数学では極限を取ることで微分係数という考え方になり、さらにはそこから導関数という概念につながっていくことなど、関連付けて説明できるようになると、様々な知識がつながっていくわけだ。ただ、こうしたつながりをいっぺんに学ぼうとする必要はない。「変化の割合」とは何かを教科書や参考書を

見ずに言えるだけで、まずは十分だ。それは内側の論理を使った次の理解へと少しはみ出ていくための、確かな足場となる知識になっていくからだ（実際に高校生に微分を教えるときにも、変化の割合の定義からあやしい人が一定の割合で存在するのが実状だ）。

もちろんこれは言葉だけに限らない。グラフや図なども含めて、教科書や参考書に書いてある説明を自分で何も見ないでアウトプットできる状態であることが、基本的に大切だ。

より深く考えるあなたなら、「それは単なるインプットにしかならず、理解することに直接はつながらないのでは？」と正しい疑問を抱くかもしれない。もちろん、それは正しい。ただし、人間はアウトプットしたものからフィードバックを受けて理解を深めることができる。つまり、言葉にして言う、書く、図を描く、グラフを描くなど、様々なアウトプットを試みることで、自分でも徐々にまた「こういうことか！」とわかってくる。逆に、定義を覚えていない状態では、自分がわかっていないことを知る機会すら得られない。だからこそ、定義を見ずにアウトプットできる状態が、理解することを準備していくと言える。

そのうえで、スムーズに言えるようになった定義を使って、教科書や参考書の定理がなぜそうなるのかを説明できるようにしていこう。このときも教科書や参考書に書いてある説明がわかるところでとどめずに、それらを見ないで一から説明したり、式変形できる状態を目指すのがよい。基礎について

は、理解したり考えたりする土台になるからこそ、それは分厚ければ分厚いほどのちのちの勉強が楽になる。

このようにして、ある分野について教科書や参考書に載っている重要な概念の定義を見ないで説明できる（言える）こと、さらにはその定義を使って、定理がなぜ成り立つのかを（教科書や参考書に載っている範囲でかまわないので）言葉やグラフ、数式で説明できるようにしていくこと。そのうえで教科書の問題を（特に例題は解き方を説明しながら）解けるようにしていくこと。これらが問題集を解きはじめる前に、必要な準備であると言える。それが「覚える」「理解する」の章で書いたことであり、これらができてはじめて、問題集を解くことが全てあなたの血肉となってくる。

問題集を解く前に、勝負は決まっている

さて、あなたはそのように数学を勉強しているだろうか。あるいは、そのように学校で教えられてきただろうか（もし、そう教えてくれているなら素晴らしい先生だ！）。実際には、問題集を解きはじめる前に初期投資としての準備をしっかりとしたほうが、はるかに勉強の効率がよい。逆に、こうした努力を怠った状態で問題集を解けば、結局大量の問題の中にさまよって自分で道なき道を整理していくかのような、非常に効率の悪い勉強法に終始することになってしまう。

そうした準備ができたあとにあなたが取り組む「問題集で

未知の問題を解く」という行為は「考える」という行為だ。それは「理解する」のように「未知→既知」につなげる後ろ向きの行為ではなく、「既知→未知」につなげようとする前向きの行為である。

　既知のものがあやふやである状態や「未知→既知」へと結びつける方法がくっきりとは見えていない状態で、「既知→未知」への冒険をしようとするのは無謀な挑戦でしかなく、あなたの貴重な時間や努力を費やすにはあまりにももったいない浪費でしかない。

　もちろん、問題集を解く中であなたが新たに出会うアイディアもあるだろう。全てが教科書や参考書に載っているわけではないし、特に難しい学校の入試問題となれば、教科書や参考書の記述だけでそれを解けるようになるのは、これまた勉強の天才だろう。しかし、問題集を解き、解説を読んで「未知→既知」と結びつけていくプロセスや、やがてその吸収した新しいアイディアを「既知→未知」へとつなげていこうとするプロセスは、実は問題を解く前に教科書や参考書で定義からなぜ定理が成り立つのかを導出しようとしていたプロセスの延長にあるものでもある。もしあなたにその思考回路がしっかりとできているのであれば、ひとつの問題から多くのことを学ぶことができる。逆にあなたにその思考回路が確立していないのであれば、100問解いても何も残らない。問題集を解きはじめる前に、実は勝負はある程度決まっている。

　そして、準備をしっかりとしたうえで問題集を解けば、教

第 8 章　数学　107

科書に書いていることを丹念に追ったはずなのに、まだ一面的にしか理解できていなかったことにも、ふたたび気づけるはずだ。そのようにして問題集に移ったあとも、問題集を解くこととそれで見えてきた教科書や参考書のあやふやな部分の読み直しの往復を通じて、あなたはさらに理解を深めていけるはずだ。

　だからこそ、いきなり問題集で問題をたくさん解きはじめてはならない。定義を（教科書や参考書を見ないで）説明できるところまでしっかりと覚え、理解し、そのうえでそれを使って定理を（教科書を見ないで）説明できるように、という準備を丁寧にしていこう。そのようにして、それらがあなたにとって当たり前になればなるほど、内側の論理を使ってあなたは理解をしたり、考えたりできるようになるはずだ。

　そうした「初期投資」にきっちりと時間をかけることが、結局は一番賢いやり方だ。そして自学自習だからこそ、そこにあなたは必要なだけ時間をかけることができる、と言える。

....column 2

コラム 2

テストとは何か？
なぜ試験勉強は勉強ではないのか？

● 定期試験の弊害

　あなたが力をつけていくためには、自分に何が足りないかを
知らなければならない。だとすれば、定期試験や小テストのよ
うなテストが多ければ多いほど、自分に足りないものを見つけ
られるように思うかもしれない。

　しかし、これは大きな間違いだ。そもそも定期試験や小テス
トのための勉強は、決してあなたの力にはならない。なぜだろ
う。それを考えるために、まず定期試験とはどういうものか、
確認してみよう。

　複数の科目をまとめて試験をする。それぞれの科目に手を抜
かないことを要求される。そのひとつひとつの科目について、
やるべき課題や試験範囲が大量である、などが、その特徴だろ
う。このような定期試験に対して、あなたに可能な唯一の手段
は、「よくわからなくても、とりあえず覚える」「よくわからな

....

109

くても、とりあえず解く」ではないだろうか。そして、これは何ひとつあなたの身には残らない無駄な勉強時間になってしまう。テストされる分量や科目があまりにも多すぎる場合、学びの３つの手段「覚える」「解く」「わかる」の中で「わかる」という時間のかかる取り組みに割く時間はないからだ。

　もちろんひとつの科目について、課題の量をしっかり絞り込んだり、提出物を減らしたりしてくれるよい先生もいるだろう。しかし、「全科目頑張る必要はないぞー。英語と数学だけ頑張ってね！」と言える先生はなかなかいない。それは他の先生の仕事を否定することになるからだ。

　さらに教育についての大人たちの考えが足りないせいで、「情報」だの「公共」だの、あなたに求められる科目はどんどん増えるばかりだ。そのせいで、１つの科目の試験範囲や課題の分量が多すぎるだけでなく、そもそも複数の科目を同時に勉強しなければならない定期試験では、のちのちまで定着するレベルにまで全科目の全範囲を理解するということがほとんどの人にとって不可能だ。だからこそ、そのためにどんなに頑張っても、試験が終われば何も残らない。

　たとえるなら、定期試験や小テストは短距離走、受験勉強は長距離走だ。明日までなら詰め込んで忘れないことも、範囲が広い受験勉強で意味もわからずに詰め込むことはとても効率が

··column 2

悪く、ほとんどの人にとっては不可能に近い。だからこそ、定
期試験や小テストの勉強をいくら積み重ねようと、それは受験
勉強には通用しない。その2つの勉強が全く別の種目であるこ
とをあなたはまず知らねばならない。

● テストはメッセージである

ではなぜ、このようなテストが多いのだろう。それは、これ
らのテストはあなたの力をつけるためではなく、あなたの成績
を評価するためのツールであるからだ。これが、テスト勉強は
勉強ではない、という理由だ。そもそも目的が違うわけだ。あ
なたが力をつけるためではなく、学校があなたを評価するため
に多くのテストは存在する（学校は教育機関であるとともに評価
機関でもある）。「学校側の都合で生徒評価という目的のために
行われる数多くのテストが、あなたの実力をつけるという目的
にもたまたま役立つ」というようなラッキーをあなたは期待し
てはいけない。

どのようなテストを課すかは、実はあなたにどのような努力
が必要であるかを伝えるメッセージである。だからこそ、誤っ
たメッセージが発せられているなら、そこからはしっかりと距
離を置いて、あなたの勉強時間を無駄に消費し尽くされないよ
う守り抜いていかねばならない。大量の小テストや試験の勉強

コラム2　テストとは何か？　なぜ試験勉強は勉強ではないのか？　　111

を頑張ってそれがあなたの実力には何ひとつつながらなかった
としても、それを課す先生たちはその結果に責任を取らない。
不合格も含め、あなたの「努力不足」としてしか見られないだ
ろう。わたしは教えていて、テストを通じて誤った勉強法のメ
ッセージしか発しておらず生徒の勉強時間を浪費しているの
に、それで力がつかなければ生徒の「努力不足」で片付けてし
まう大人があまりにも多いことに驚く。そんな理不尽に付きあ
っている暇はない。

　まとめれば、このように定期試験や小テストは、

❶ 狭い範囲を短期的に（しかも多数の科目とともに）勉強する
　ものだからこそ、3日後には何も残っていなくても、理解で
　きてなくても、とりあえず詰め込むことが最善のテスト対策
　となってしまう。

❷ そもそも定期試験は（そして多くの場合、小テストも）、（成績）
　評価のためのツールであり、教育のためのツールではない。
　（「テストに（成績）評価を伴わせなければ、生徒が努力しないじ
　ゃないか！」という先生方の嘆きもあるだろう。しかし、評価に
　頼らないで学習効果（手応え）だけでその大切さを生徒に伝える
　ことのできないような勉強法の強制は、全て教育ではなく権力の
　行使にすぎない。）

ということになる。だとすると、広い範囲の内容について長期的に通用する実力をつけていくためには、そうした定期試験や小テストの勉強を目標とせずに、受験勉強を目標として鍛えていくことがよい、ということになる。

● 試験勉強は「生活費」、受験勉強は「貯金」

それでも、「テストが多い学校ほど面倒見がよい学校である」という思い込みはまだまだ強いようだ。そしてこれは、何を勉強すべきかがわからない、というあなたの不安な心に忍び込んでくる。コラム5「なぜ学習法が大切なのか？」[⇒164頁] で述べるように、やらされるテストが多ければ多いほど、何を勉強するべきかについてあなたは考えないですむからだ。しかし、そのように与えられた目標をとりあえずこなすことで不安を振り払う、という勉強からは距離を置こう。あなたが今何を勉強すべきかは、先生にもわからない。あなた自身が探していかねばならないことだ。だからこそ、その不安は押し殺すべきものではなく、自分に必要な努力を探していく原動力にする必要がある。

また、テスト勉強だけで勉強しようとすることの弊害は、勉強時間を大きく奪われることだけではない。たとえば小テストや定期試験で努力してよい成績を取れていたら、あなたは自分

コラム2　テストとは何か？　なぜ試験勉強は勉強ではないのか？　113

が勉強を得意だと思ってしまうだろうし、先生もその思い込みを助長するだろう（「定期試験や小テストの勉強を頑張っている子が受験も強い！」というように）。しかし、実際には、あなたが受験勉強を始めて一番最初に思い知り、愕然とするのは、定期試験の成績は、あなたの受験勉強の実力を全く保証しない、ということだ。当たり前だ。理解しなくても短期的に詰め込めば点が取れるテストへの努力をいくら積み重ねても、それはあなたに定着していかずに剝がれ落ちていくだけだからだ。そもそも目的が違う努力なのだ。

　だからこそ、そのような不安に負けずに、何を勉強すべきかを自分で考え、探していこう。そのためのヒントは、常にあなたにとって今何が足りないかだ。そしてそのためには押しつけられるテストは全て邪魔でしかない。誰かの一律なテストをほしがるのではなく、あなた自身が日々自分をチェックをすることがとても大切だ。そしてそのためのわかりやすい指針は、「覚える」「解く」「わかる」の中であなたの足りないものを常に補いつづけているかどうか、だ。

　実力をつけるための仮目標としては受験勉強を目標にすべきだが、それは入試問題だけ解いていればいい、ということでは全くない。ここまでに書いてきたように理解を伴わないまま問題を解いても、その解答を無理やり覚えることになるだけで、

何ひとつ残らないからだ。理解は「少しはみ出るくらい」がよかった。その理解のステップを着実に登っていけるように、今あなたがいるところからじっくりと始めねばならない。

　そして、ここまで（「理解する」「考える」の章で）書いてきたように、理解することや考えることにはとにかく時間がかかるものだったはずだ。その時間をしっかりとかけてあげることがあなたの勉強を深く、遠くまで残していくことになる。だとすると、膨大な範囲の定期試験や大量の小テストのために「覚える」と「解く」に偏った勉強をこなさなければならない状態は、勉強の仕方として大きな間違いを強いられていることに気づくだろう。

　と、ここまでを踏まえてもらえたとしても、学校に通う以上、定期試験を受けないことは不可能だ。だとしたら、どうしたらいいか。わかりやすくするために、あなたの勉強時間をお金にたとえてみよう。あなたの勉強時間を日々の「収入」だとしたら、試験勉強は「生活費」、受験勉強は「貯金」だと思ってやっていくのがよい。貯金が増えれば増えるほど、それを生活費に充てることもできれば、別のことにも使うことができる。一方で収入を全て生活費に充ててしまえば、だんだんと生活費すら賄えなくなってしまう。だからこそ、あなたの勉強時間という貴重なリソースをできる限り「貯金」にまわすことが大切だ。

そこが増えれば増えるほど、定期試験もさして勉強せずにクリアできるようになってくるからだ。「貯金」も全科目やる必要はない。英語や数学・国語といった積み重ねが必要な科目だけで十分だ。

とはいえ、「生活費」をどんどんかさませるような大量かつ難しい宿題、小テストなどを出す学校もある。そういうときは、あまりそれを頑張りすぎないことだ。そのような指導は、派手な暮らしで「生活費」を膨らませる浪費のようなものだ。無理して勉強時間を「生活費」に無駄遣いしても、あなたの手元には何も残らない。そんな浪費に無理に付きあって成績を取ろうとする必要はない。学校を卒業できるだけでいい。

推薦入試の拡大は、学校のテストから距離を置いたうえでの努力を許さないように思えてしまうかもしれない。また、高校入試での内申点が気になる中学生もいるだろう。そんなあなたには前述のようなアドバイスは無責任に聞こえるかもしれない。しかし、ここで思い出してほしいのは、理解を伴わないままに暗記や問題を解く勉強だけで取れる点数など、いずれ先細りになる、といっ厳しい事実だ。理解していないままに定期試験や小テストの勉強をいくらがんばっても、そもそも定期試験の点数すらどんどん取れなくなってくる（もちろんそんな状態でも取れるように、テストをさらに歪めてしまっている場合もある

わけだが)。そのような状態になっているなら、もはや試験勉
強をしても、定期試験すら点数が取れなくなる。特に高校生は
勉強の内容が難しいからこそ、それでは厳しい。その状態を打
開するためには、コツコツと「貯金」を増やしていくしかない
のだ。

✺ テストをテストできるように

　勉強の目標をテストに依存しないこと、しっかりと理解する
ために必要な時間をきちんとかけることで、あなたの貴重な時
間を長期的に記憶に残り、受験勉強の力になっていくような勉
強へ費やしていくことが大切だ。その点でも、自学自習はあな
たが誰かを信じたせいで失敗することから距離を置くことを可
能にする。

　そして、あなたが押しつけられる「テスト」をテストしてい
けるようになると、よい距離感だろう。「うーん。これはいい
問題だ!」「これはただ覚えさせるだけになってるなあ」「考え
させる問題をこれだけ短い制限時間で詰め込んだら、ただ答え
を覚えるしかなくなるよね……」などなど。あなたが押しつけ
られるテストの誤ったメッセージから距離を置くためには、あ
なた自身が正しく自学自習を進めていくことが必要だ。それを
通じてあなたは学校の試験からも模試からも、何なら入試問題

コラム2　テストとは何か?　なぜ試験勉強は勉強ではないのか?　117

からも誤ったメッセージを込めたテストを批判できるようになる。それがまた、あなた自身を鍛えていくためにも、大きな力となる。

　定期試験や小テストに比べれば受験勉強のほうがあなたにとってはるかに長く使える実力となるだろう。一方で、受験勉強もまた、あなたの人生全てを支えるほどには射程は長くない。だからこそ大切なのは、誰かにリクエストされたテストに頼ることなく、あなたを支えてくれる実力のつけ方を考え、鍛えていく姿勢を身につけていくことであるのだ。

　もちろん閉鎖的な組織の中では、無意味な作業に従う忠誠心を持つ人が、より普遍的な実力を鍛える人よりも優遇されてしまう。学校だけでなく、会社や役所、その他のあらゆる組織においてもそれが求めつづけられるように思える閉塞したこの社会では、その無意味さを考えないようにして、目の前に差し出されるテストをクリアしているほうが生き延びられるのかもしれない、と絶望する瞬間も多いだろう。現状がまだそのように閉塞した社会であることには、大人の一人として苦い責任を感じている。

　ただ、無意味な作業への忠誠心は決して本来的な努力ではないと気づけるようになることは、閉塞した社会を超えてあなたを生き延びやすくするだけでなく、そのためにこそ生き延びた

いと思っているものをも守る力をつけることにもつながっていく。そしてそれは、この社会を変えるための一歩になりうるだけでなく、何よりあなたを自分自身への絶望から守ってくれるものでもあると思う。

　だからこそ、テスト勉強は勉強にはならないことを自覚し、自分の必要なことに取り組む時間こそが本当に大切な勉強であると思って、あなたは勉強に取り組まねばならない。過大な「生活費」の要求をつっぱねて、しっかりと「貯金」をしていこう。テストと距離を置くことで、あなたが押しつけのテストをテストできるように自学自習していくことを強く望んでいる。

第9章 国語

国語学習の第一歩とは

　ここまで説明してきたとおり、覚えること、理解すること、考えることは、どの教科の学習でも重要になる。もちろん、それは国語でも変わらない。それなのにそのバランスが最も軽んじられがちなのが、国語という教科、特に現代文だ。

　その原因には、「日本語を使って日常生活が送れているのだから、日本語で書かれた文ならある程度は読めるだろう」という前提のもと学習を始めようとしてしまうことがある。英語も勉強していると、かえってこんなふうに思ってしまいがちだ。「英語は文法や語彙が必要でも、国語には必要ない」「英語は言葉の仕組みから理解しないといけないが、国語は書かれている内容や主張を理解していればいい」……けれどもまずはじめに確かめておきたいのは、わたしたちはどれほどに日本語を「読めて」いるのか、ということだ。

　国語が苦手な人の中には、そもそも「読む」という動作があやしい人が多い。現代文にしろ、古文漢文にしろ、ついで

に英語長文にしろ、問題を解く前にまず本文を読まないといけない。設問を先に見て傍線部の近くだけを読めとか、各段落の最初の一文だけ読めとか、そういう「いかに読まないか」に重点が置かれた解き方はウソだと思っていい。百歩譲って、時間制限のあるテストでの戦略としてはそれらがある程度正しかったとしても、ひとりで勉強をしているときにそれをやるのには全く意味がない（これにかぎらず、「テストの解き方」と「正しい学習法」には乖離があることが多いため、その2つを混同しないように気をつけてほしい）。

多くの人は、自分が思っているよりはるかに、日本語が読めていない。それは、筆者の主張が、とか、表現の意図が、とか、そういうレベルの話ではない。英語が読めていないときのように、日本語も読めていないと思ってもらいたい。逆に言えば、そこをスタートラインに設定することによって、国語の学習の第一歩は一気にクリアになる。

「読めない」から脱却するために

先に大まかな方針を示しておこう。誰しもはじめは「読めない」。そこを脱却するためには、第一に文法と語彙の知識が必要だ。古文漢文はもちろん、現代文でも文法や単語が必要だというと、意外に思う人も多いかもしれない。けれどくりかえしておこう。多くの人は、英語が読めないというのと同じように、日本語が読めていない。だから知らない言語を

学習するときのように、まず言語の仕組みを意識していくのがいい。

　一文単位の組み立てを理解したら、今度は文が集まってできた「文章」の組み立てを理解していく必要がある。ここで気をつけないといけないのは、読解問題を解いて丸つけをし、その解説を読むだけでは、文章を読む力はついていかないということだ。それよりもむしろ、引っかからずにすらすらと読める文章をたくさん読んでいくことをおすすめする。

　文章の難易度を決める要素はいろいろある。使われている単語や話題が日常に馴染みがあるかどうか、一文に使われている単語の密度、詳しく説明せず読者に委ねられている部分がどれほどあるか……など。けれど、実は読みやすい文章も読みにくい文章も、大きな構成はそこまで変わらない。単語をひとつひとつ調べながらじゃないと読めない文章を無理して読んでいくよりも、無理なく読める文章をたくさん読んでいくほうが、文章の全体像をつかむための引き出しが増えていく。それだと同じレベルの文章しか読めるようにならない、と不安になるかもしれない。

　ここでも、先に挙げた文法と語彙の学習とが役に立つ。複雑な文を読み解く力をつけたり、語彙やその背景にある知識を増やしたりすることが、あなたの読める文章のレベルを上げてくれる。

　まとめるとこうだ。

❶ 文法・語彙の知識をつけることで、まずは文を読めるようになる。

❷ 文がある程度読めるようになったら、無理なく読めるレベルの文章を読み、文章の構成を意識できるようにする。

❸ 語彙や語彙に関する知識を増やし、「無理なく読める」のレベルを底上げしていく。

まずは文法から

では、ひとつひとつを詳しく説明しよう。

まず、「文が読める」とはなんだろう。ひとつの文はいくつかの文節でできている。「文節」という言葉に耳なじみのない人もいるかもしれない。先ほどの文を例に出せば、「そして / 文は / いくつかの / 文節で / できている。」というような、文を役割ごとに細かく区切った単位のことだ。

文節どうしは互いに関係を持っている。たとえば上の文なら、「文は」が主語、「できている」が述語である。「いくつかの」は「文節で」を、「文節で」は「できている」を修飾する修飾語、「そして」は前の文とこの文とをつなげる接続語である。そんなふうに文節どうしはつながっている。

そしてそれと同じように、文もそれぞれ役割を持ってつながり、段落を成している。その段落もまた、ひとつの文章の中である役割を持ち、互いにつながっている。

つまり、段落と段落との関係が把握できてはじめて、「文

章が読める」と言える。そのためには段落を成す文と文との関係を、さらにそのためには文を成す文節と文節との関係を把握しなければいけない。まずはひとつの文が読めなければ、文章を読むのは難しくなる。

　整理しておこう。

● 「文が読める」→文節と文節との関係がわかること。
● 「段落が読める」→文と文との関係がわかること。
● 「文章が読める」→段落と段落との関係（各段落が文章全体の中で果たしている役割）がわかること。

　ここで念のため、「読む」の章でも書いたことをふりかえっておきたい。「読む」とはつまり、「意味をわかろうと努力する（そのためにまず見ないで再現できるようにする）」→「『なぜ？』が浮かんでくる」→「それを考えたり前に戻って読み返したりして解決すればよし、解決しなかったらそれを抱えたまま先を読んでいく」→……という一連の流れのことだ。特にあなたがこれから読むことで学ぼうとするときには、まだ知らない内容について読まないといけないわけだから、この試行錯誤を避けて通ることはできない。

　そう思うと、「全ての文が正しく把握できることによって、はじめて文章が読める」というのは間違いである。意味がわからないところを保留にしながら読みすすめていけることもまた、読む能力に他ならない。けれども、すぐには理解でき

ない文を読むときにこそ、文の構造や、他の文との関係、文章全体との関係をつかむことが必要になる。それに、「意味がわからないところを保留にしながら読みすすめないといけない」ということは当然、「意味がわからなくてもいい」ということを意味しない。「理解する」でも話したとおり、わたしたちの理解のプロセスは、既に知っていることを知らないことへつなげることから始まる。

　「文章を目に入れてはみたけれど、なんとなく読めない」というときには、前述の３段階を上からチェックしてみてもらいたい。そうすると、読んでいるとき自分で思っているよりもはるかに、❶で行きづまっていることが多い。

　だからもしも国語が苦手なら、まずは文の構造をしっかり把握できるように、文法を学ぶことをおすすめしたい。まずは文の要素（主語、述語、修飾語……）と、品詞（名詞、動詞、形容詞……）の名前を覚え、それぞれの働きを把握するだけでも、一見複雑に見える文が読みやすくなるはずだ。品詞の中でも、用言（述語になれる品詞）と体言（主語になれる品詞）の理解、そして接続詞と助詞をおさえておくと、特に文構造の把握に役立つ。現代語の場合、読解のためであれば活用表はそこまで神経質に覚えなくてもいい。けれど古文の場合には、英語と同じく品詞分解をおすすめしたい。そのためには、動詞と助動詞の活用表も頭に入れておく必要がある。現代文でも、本文中で重要な役割を果たしていそうなのにうまく読めない文は、英語や古文のように品詞分解をしてみてもらい

第９章　国語　125

たい。

　文法がわかっているのに一文がつかみづらい、というときには、使われている語彙でつまずいている可能性が高い。基本的な語彙はまず、漢字を覚えるときに一緒に覚えることをおすすめする。漢字一字の意味やイメージと、その漢字が使われた熟語の意味をそれぞれ覚えることができれば、知らない熟語にも対応しやすくなる。

　また、ある語彙を知るためには、その語彙が前提としている知識を知らないといけないことがある。「産業革命」「ナショナリズム」など歴史的な文脈と深く関連する単語や、「ダイバーシティ」「パンデミック」など現代的な問題と関連する単語、古文なら古典常識は、それらを知っている前提で文章が書かれていることが多々ある。よく出てくるワードは背景と合わせて覚えておくと、楽に読める文章が増えていく。

要約の練習をしてみよう

　さて、そのようにして一文をしっかり読むことから、いよいよ読解の練習に入る。

　「文章が読める」とは、先にもあったとおり、「再現できる」つまり「読んだことを言い換えられる」ということだ。そのために、ぜひ要約に取り組んでみてもらいたい。要約とはつまり、文章から重要な部分だけを抜き出し、短くまとめることだ。難しそうに思うかもしれないけれど、はじめは単純で

いい。主語と述語だけ、つまり「Aは/Bである」もしくは「Aが/Bした」というような形で、文の最も重要なところを抜き出す練習をしてみてほしい。「最も重要なところ」が何か、というのもいろいろな意見があるけれど、とりあえずは「率直に読んだとき、頭の中に最後に残るところ」のように捉えてもらえればいい。昔話で言うと、はじめは「桃太郎が/鬼退治をした」「白雪姫が/助かった」「人魚姫が/助からなかった」というのでかまわない。

　もっとハイレベルなところでは、「これを言うためにこの文章が書かれている」というようなところが見つかれば、もっとよい。先に述べたとおり、段落どうしもまた、文節どうしのように関係を持っている。つまり、重要な段落と、そうでもない段落があるのだ。注意深く読み、ある段落がある段落を支え、引き立てているのを見つけてみてほしい。その目を鍛えるためには、たくさん読むのが最も早い。ぜひすらすら読める程度の文章をたくさん読み、要約の練習をたくさんしてみてもらいたい。興味があるもののほうが読みやすいと思うけれど、ただあまりに予備知識のある内容だと、要約をするときにもともとあった知識をあてにすることができてしまい、文章を読めたかどうかが判別しづらい。おすすめは、「詳しくはないけれど、興味はある」くらいの分野（「少しはみ出るくらいがいい」！）のことが書かれている本を買い、パートごとに要約していくことだ。中高生向けの新書にもいろいろな分野のことが書かれているから、探してみるといい。

主語と述語でのシンプルな要約に慣れてきたら、そこに修飾語を足したり、二文に増やして間に接続詞を加えたりすると、より書けることが増え、難易度が上がる。けれどもそのときにも、文の骨格はあくまで主語と述語にあること、そしてあくまで大事な部分だけを抜き出すことを忘れないでいてほしい。

　そして、要約で何よりも大事なのは、要約が終わったあとに、自分の要約した文章と元の文章を必ず読み返すことだ。元の文章を読んだあとの感触と、要約したものを読んだあとの感触との違いに対して鋭敏になる必要がある。うまく要約できていない状態というのはつまり、文章に書かれてあった論理と、自分の再現した論理とが、うまく対応していない、ということだ。「理解する」ためには、その2つをなんとかつなげなくてはいけない。だから、一度生まれた理解を点検・訂正していくことが、文章を理解する精度を上げるための特訓になる。

　それから、読むときにもうひとつ点検しなくてはいけないことがある。それは、文章から読み取って理解した著者の考えと、文章を読んで生まれた自分の考えとが、ごちゃ混ぜになっていないかということだ。もちろん、ある文章を読んだときに、その内容に対して自分なりの感想や意見を持つのは当然であり、大切なことでもある。けれどときに、それが文章に書かれていたことのように錯覚してしまうことがある。その区別をはっきりとつけることもまた、クリアに文章を読む

ためには欠かせない。書かれていることをいかに読み取るか、ということが大事なのと同じく、書かれていないことをいかに読み取ってしまわないか、ということも大事なのだ。他人の考えがあくまで他人の考えであるということまで理解しようとすることが、むしろ自分の考えを持つための大きな支えになるだろう。

いかに読むか

はじめに書いたとおり、「いかに読まないか」は間違っている。では、重要なのは何か。答えは単純で、「いかに読むか」なのだ。

「読める」とは「読んだことを言い換えられる」ことだ。それはつまり、文章の中に書かれていること（内側の論理）と、そこから自分が行った理解、また自分のもともと知っていたこと（外側の論理）とが、適切につながっている状態にできる、ということだ。そのための学習には、まずは書かれている言葉そのものを適切に把握できるようにする方向と、書かれていたことと関連づけられる自分の素地を広く鍛えていく方向とのふた通りがある。前者は言葉の構造を把握すること、後者が言葉の持つ背景への知識をつけることだ。知らないことが書かれた文章の仕組みがわかることも、書かれていない知識と関連づけながら考えられることも、どちらも読む力である。そして、どちらかが欠けてしまえばそれがあなたの成長を止

める天井となってしまうのは、「学ぶ」で「リービッヒの最小律」［⇒16頁］について述べたとおりだ。

　それに、読む力をつけていくことは、他の教科の学習にもつながる。文法理解が必要で長文読解もある英語は言うまでもない。他にも、次章以降で詳しく説明するとおり、社会や理科の学習は「読む」ことを基幹としている。

　国語を侮ってはいけない。「読めていない」から始めよう。

··column 3

コラム 3

勉強仲間は必要か？

✺ ひとりでいられるための学び

　「勉強仲間」がいたほうがいいという意見を、あなたも聞いたことがあるかもしれない。ともに勉強をする仲間がいると、たとえば情報交換ができたり、他人ならではの視点を聞けたり、さらには切磋琢磨やら励ましあいさえできたりするらしい。

　あっ。今読むのをやめようとしただろうか。ちょっと待ってほしい。本書をここまで読んだうえで、わたしが急に「やっぱりひとりで勉強するよりみんなでやったほうがいいよね、だから勉強仲間を作ろう！」なんて言い出すとあなたに思われているとしたら、それはなんというのか、さびしすぎる。

　だいたい、ここまで読んでなおそんな誤解をするんなら、それはもうあなたにもいくらか原因がある。もう一回「はじめに」から読みなおしてください、と言いたいところだが、「『学ぶ』とは何か？」の章から一文だけふりかえるにとどめておこう。

··

131

これらは、あなたがたったひとりでもできることだ。いや、たったひとりのあなたにしかできないことなのだ。

　前置きはこのくらいで十分だろうか。

　ここからはそのうえでなお、「勉強仲間」にまつわる問題について考えてみたい。あなたがひとりで勉強していたら、人から「勉強仲間がいたほうがいいよ！」と言われることもあるだろう。あなたがそのたびに不安にならなくてすむように、ここであきらかにしておこう。

　勉強するのに仲間はいらない。むしろ反対に、ひとりでいつづけられるために、勉強をしなくてはならない。わたしがあなたに勉強をしてほしいのは、あなたにひとりでいられるようになってほしいからだ。

● 勉強するのはあなた自身

　「勉強仲間がいたほうがいいよ！」と言われるときの「勉強仲間」とは、おおむね「同じ目標に向かって、ある程度近い段階の勉強をしている人」というようなことを指していることが多そうだ。

　けれど、この「同じ目標に向かって、ある程度近い段階の勉

....column 3

　強をしている人」と一緒に勉強をしつづけるのは、なかなか難
しい。これまでに確認してきたような学習法、つまり、

● 自分に足りないものをチェックしつづけ
●「読めた」「覚えた」と思えるまで何度もくりかえし
● しかし、そのくりかえしそのものに逃げ込んでしまわないよ
　 うに常に方法を模索しつづける

というような学習法は、人と足並みを揃えて行うには不向きだ。
あなたが「教わることに頼らない」一番の利点は、一斉授業に
待たされたり、反対に置いていかれたりして、自分のできてい
ないところから目を背けずにすむことなのを思い出してもらい
たい。
　確かに「仲間」という言葉には、なにか甘美な響きがある。
「仲間」なら、「教わる」のとは違って対等な、よりよい関係な
のだ！ と、つい思いたくなってしまうのもよくわかる。けれど、
「一緒に勉強する」ことを目指してしまうのなら、結局みんな
で授業を受けるのとそんなに変わらない。せっかくはぐれたあ
なたがふたたびそこへ戻ってしまうのは、ちょっともったいな
い。だいたい、どれだけ勉強熱心な仲間がいてもあなたが勉強
したことにはならない。あなたが勉強するためには、あなたが

....

コラム3　勉強仲間は必要か？　│　133

勉強しないといけないのだ。なんだか同じことを2回言っただけのようになってしまったけれど、これが案外忘れやすい。

● 小さな関係性にとらわれない

一斉授業が持つもうひとつの弱点についても、同じことが言える。

それは、似たような人たちによって構成された集団、同質な集団が作られやすいということだ。同時に授業をし、大勢をいっぺんに育てるためには、ある程度学習の進行度を合わせた集団を集める必要がある。その結果、教室で出会える相手はあなたとおおむね近い環境で暮らす、おおむね近い価値観を持った相手であることが多い。そして、一緒に勉強ができる仲間を求めるときも、簡単に出会えてしまうのは近い相手であることが多い。しかしそれもまた、やっぱりもったいないことではないだろうか。

あなたがしようとしているのは勉強である。テスト前に集まって「勉強してないわー」と言いあったり、お互いに共通点を見つけて喜んだりして、関係の維持だけが目的のような空虚な関係を維持することではない。そういうことからうまく逃れるためにこそ、あなたは勉強をしなくてはいけないのだ。空虚ではない関係がどこにもないとは言わないが、少なくとも空虚な

··column 3

関係のほうが膨大にありふれているのは、あなたも既に知って
いるんじゃないか。

　そして、勉強の方法がわかっていること、それによって得ら
れた知識があることは、自分の属している集団を冷静に見つ
め、また知らない世界に対してひらかれていられる力を、あな
たにくれるはずだ。あなたに勉強をしてほしいのは、あなたが
近くて小さな関係性に依存させられたり、自分の異質さを怖が
ったりしなくてすむためでもある。

● **あなたの真の「勉強仲間」**

　ただ、付け加えておくと、ひとりで勉強しているからこそ、
「勉強仲間」ができることもある。「勉強（をするための）仲間」
とか、もっと悪いときには「勉強（を口実にした）仲間」ではない、
「勉強（を通じた）仲間」というようなものだ。

　では、あなたの真の「勉強仲間」は、どこで見つかるだろう
か。あえて勉強のペースを揃えなくてもいい、ときにはむしろ
そうしないほうがいい以上、取り組んでいる勉強の進行度が同
じである必要はない。いっそ、勉強でなくてもいいかもしれな
い。同じように、年齢や趣味が近いことも、たいして役に立つ
ことではない（ただ、今探しているのはあくまで関係を通じてあ
なたが勉強することであって、関係性そのものではない、というこ

··

コラム3　勉強仲間は必要か？　│　135

とを、ここでふたたび確認しておく。一緒に勉強をすることで関係を進展させて親友やパートナーなんかを手に入れたい、という要望については、わたしはあまり興味を持たないし、本書の射程を超えてもいる)。

　そうなるともはや、あなたの勉強仲間になる相手は、どれほどあなたと離れていてもいいと思わないだろうか。「同じ目標に向かって、ある程度近い段階の勉強をしている人」というようなイメージを捨て、「よりよい方向へ向かって進もうとし、修正と模索をつづけている」というところまで、あなたが仲間だと思える相手の範囲を広げてみてほしいのだ。すると、「やるべきことを持っている」という、あいまいで、しかし最も大切な部分だけで、あなたはいろいろな人とわずかに共通することができることになる。

　そう思うと、テレビにうつるスポーツ選手も、歌手も、あなたのひらく本の作者も（つまりもちろんわたしも）、みんなあなたの仲間みたいなものだ。そしてそう思えることは、あなたを励まし、ともに悩み、あなたが自分の方法に新たな修正を加えるための補助線になってくれるはずだ。

　そういう意味で、あなたには勉強仲間が必要だ。世の中にあるのが自分と同質なものだけだと思わなくてすむために。あなたがひとりだとしても、心配することはない。勉強をするとい

……………………………………………………………column 3

うそのことによって、あなたは勉強仲間に出会うことができる。それも、ひとりでいるままで。

　あなたはひとりであるからこそ、ひとりではない。同質な集団の中でしか勉強できないものたちが、ときに反射した自分自身の集まりの中に身を浸しているにすぎないという意味で、どこまでいってもひとりであるのとは対照的に。あなたはひとりでいるからこそ、「勉強している内容が同じである」「年齢や育った環境や住んでいる地域が同じである」というようなどうでもいい理由ではなく、もっと普遍的で、それでいて貴重な理由で、他人とつながることができる。

　一斉授業のようにみんなで一緒のことをするのではなく、それぞれがばらばらに自分のやるべきことに取り組んではじめて、異質な存在がともにいつづけることができるのだ。そういう場所がもっと増えてほしいと願ってやまない。

　最後に、もしも実際につきあいのある相手、顔をあわせて話せる相手でも、そんなふうに思える誰かがいるのなら、やっぱりぜひ大切にしてもらいたい。自分のやるべきことを持っていて、かつあなたのやるべきことを尊重してくれ、話したあとにも必ずひとりに戻らせてくれるような相手がいるのなら、それは本当に貴重なことだ。

……………………………………………………………

そういう人と必ず出会える魔法のようなやり方はない。けれど、まずはあなたがひとりで自分のやるべきことを持っていなければ、きっと出会えないだろうと思う。結局同じ結論に戻ってしまうのを許してほしい。

　さあ、ひとりになるために、ひとりの場所から、勉強を始めよう。出会うべき仲間には、そのことからしか出会えない。

第10章 社 会

社会の勉強法の基本

　社会の勉強の仕方についてはどうだろう。「そんなの頑張って覚えるだけなんだから、正しい学習法とか関係ないでしょ！」とあなたは思うかもしれないし、実際にそれでも定期試験や小テストくらいならなんとかなってしまう。しかし、短期間だけ覚えていればいい範囲が狭いテストのための勉強方法は、覚えることにおいてすら受験には通用しない。目の前のテストを乗り切っておしまいにせず、受験やその後にも長く残る知識を身につける方法を学ぶべきだ。そしてそのためのポイントは2つ。

❶ いきなり覚えようとしない。
❷ 何を覚えるかを間違えない。

ということだ。

覚えることにも準備が必要

まず、❶の「いきなり覚えようとしない」から説明しよう。

最終的には教科の内容を覚えることが目的なのだから、さっさと覚えはじめるのが話が早い！ とつい思いがちだ。しかし、それは素振りも守備練習もやらずにいきなり野球の試合に臨み、「最終的な目標は試合で勝つことなんだから、試合をくりかえしていれば野球もうまくなる！」と言っているのと同じだ。

勉強に関してはとかくこのような間違いが多い。「志望校の過去問を解いていれば、できるようになる！」「問題だけたくさん解いていれば問題を解けるようになる」「英語長文をたくさん読んでいれば読めるようになる」といったように、だ。

目指すべき結果は、様々な要素から成り立つ。その中であなたに足りない要素があなたの実力の上限を作ってしまうからこそ、それを一気に実現するのは難しい（リービッヒの最小律の話を思い出してみよう［⇒16頁］）。

覚えることにもまた、覚えるための準備が必要だ。

まず、ここまで述べてきたように、覚えるにしても馴染みがないものをわたしたちは覚えられない。そのためには、「ぶらぶらするのがいい」［⇒51頁］、ということも書いてきた。

地図や年表、グラフを手を動かしたりしてじっくり追っていくとよい。読む、と言っても目と脳だけではそうした複雑

な視覚情報を全て把握なんてできるものではない。実際に手を動かしてはじめて「読める」ものもたくさんある。これもまた、「ぶらぶら」の一環だ。

ぶらぶらすることで、教科の内容があなたにとって馴染みのあるものとなり、そこでは「なるほど！ こんなのもあるんだね？」と、町中を散歩するかのように馴染みのものが教科の内容の中で増えていく。その中には地図であれ、写真であれ、文章であれ、特にあなたの興味を引くものがいくつかはあって、そうしたものに気を取られては読み込んでいくことが、結局はあなたの記憶のフック（引っかかり）となって深く残る。

そして、このようにぶらぶらするためには、教科書や参考書を読むことをおすすめする。もちろん資料集、地図帳などを読み込めばさらにそのぶらぶらは広がっていくだろう。それは必ずあなたのその分野についての周辺知識を広げ、より確かな記憶へとつながってくる。

一方で勉強には時間の制約があるからこそ、まずは教科書などコンパクトにまとまった1冊でいい。それを覚えはじめる前に、くりかえし読みつつ、図やグラフ、資料、その他なんでも興味を惹かれるものを眺めながら本文を読んでいこう。

（わかりやすさ、というのは教材の分厚さと比例するので、わかりやすい教材ほどにページ数が多くなり、それを読み通すことにはくじけてしまいがちだろう。まずはコンパクトにまとまった教科書などを読み、それを読んでもわからない部分だけ、より詳しい参考

書で読むといいだろう。逆に教科書ではちんぷんかんぷんなら、わかりやすい参考書を先に読もう。)

　もちろん一読しても最初は無味乾燥だ。しかし、くりかえし読んでいくと、その教科についての周辺知識について、少しずつ興味が持てるようになってくる。また、教科書を読むことでストーリーや要点をつかめるようになる。ここでの目標は「細かいことは覚えていないけれどもざっくりと流れやあらましを他人に説明できる」という状態だ。この段階では「理解する」で書いたように、外側の論理を使ってもよい。そして、細かいことを最初から覚える必要はない。「なるほど、こういうことか！」を少しずつ増やしていけばよい。それがあなたが覚えるときにあらましを理解したうえで、細部を詰めていくことを大いに助けることになる。

　このように、覚えていくためには、覚えることにこだわらずに理解することがまず必要だ。そのためには「読む」ことがとても大切だ。

　そのように読むことであらましを理解してから覚えはじめるのと、読まずにいきなり覚えはじめるのとでは、まず楽しさが違う。社会科という科目を嫌いな人はたいてい、そもそも読むことなく覚えることだけ必死にやってしまっているが、それではまず続けられない。内側の論理で教科の内容に関する知識を徐々につなげていくためには、まずはそのぶらぶらを嫌がらないことが大切だ。

　と、ここまでを踏まえてみると、先生が作ってくれるいわ

142　第2部　実践編

ゆる「まとめプリント」やワークブックの左側に載っている「要点のまとめ」を使った勉強がいかに有害か、がわかるだろう。「大切なことはここにコンパクトにまとめたから、これだけ覚えれば大丈夫！」というこれらの教材はもちろん先生方や教材作成者の方の善意から作られている。

　しかし、こうしたまとめにはぶらぶらする余白はない。全てが大切な情報であり、それはまるで栄養素を抽出したサプリメントのように何も無駄がない。だからこそ大切な情報をそのまま覚えるしかなく、それらのつながりや、それが他のものとどのような関係になっているかを、切り抜かれたその断片から再現することは、初学のあなたにはもちろんできない。

　すると、「よくわからないけれども、テストに出るからとりあえず覚える」という間違った勉強法に取り組むしかなくなってしまう。

　むしろ、教科書を読んだあとに自分で白紙にまとめられるか書き出してみて、それをまとめプリントと照らし合わせてみる、という勉強は自分でアウトプットするのでとても効果的だ（「国語」の要約の大切さを思い出してみよう）。もちろん、「覚えようとせずにただくりかえし読む」ということだけしかしていない状態なら、それがすぐにはできなくてよい。そのように再現することでのチェックはしっかり覚えてからで十分だ。ということで、次のプロセス「何を覚えるか」に移ろう。

単語を「説明」できるように覚えよう

❷について話そう。あらましが理解できたとしても、やはり覚えることも必要だ。だが、多くの人は言葉のみを覚えてしまっている。「安政の大獄」「レパントの海戦」「地中海性気候」「インフレ」などなど。

すると、ワークブックや配られるプリントそのままの問題が定期試験や小テストで出れば、何となく見覚えがあって答えられたりはするものの、ちょっと問い方を変えられたらもう反応できない。仮にそれで定期試験が満点だったとしても、そのような覚え方ではワークブックやプリントの位置、言葉の並びや定型の質問、といった特定の文脈に依存して覚えているだけで（「覚える」で書いたように、人はそうした外側の周辺情報を覚えすぎてしまうのだった）、学習内容相互の関係性、という内側の周辺情報とのつながりを持たない。

だからこそ、時間が経てば何も残らずに受験勉強には通用しない。そのような努力に時間をかけ、短い時間で大量に知識を詰めることができたとしても、結局「安物買いの銭失い」になってしまう。

覚えるときに大切なのは、ざっくり説明できるのを目指すことだ。つまり、「安政の大獄」等……といったひとつひとつの重要語句が何かを説明できるようにすることがあなたの勉強には大切だ。もちろんこれは、ワードだけを覚えるよりも時間がかかる。しかし、そのように重要語句（たとえば教科

144　第2部　実践編

書の太字の言葉の意味）が全て自分で説明できるようになれば、どのような問われ方をしても対応できるだけでなく、より長く深く記憶が残っていくことになる。

また、これは単語についてだけでなく、もっと大きな範囲であらましを説明できるようになるということをも支える。大きなストーリーが、ひとつひとつの重要語句の説明、という小さなストーリーの積み重ねを組み合わせたものとして見えるようになるからだ。重要語句についてこのようにざっくり説明できるようにすることは、覚えることと理解することの橋渡しをしてくれることになる。

もちろんこの方法にもデメリットはある。ただワードだけを覚えるよりはどうしても時間がかかるので、ありとあらゆるワードを説明できるようにしようとすると、膨大な時間がかかる、ということだ。だからこそ、「覚える」で書いたように、最初に覚えるワードを徹底的に絞り込むことが大切だ。目安としては「教科書の太字の言葉」さえざっくり説明できればとりあえず十分だ。それがぱっとできる状態をまずは目指そう。

「これを覚えなさい！」と誰かから大量のリストを強要されることなく、まずは何を覚えればいいのかを徹底的に絞り込むことができるのも、自学自習の強みだ。そして、太字の言葉はざっくりもう説明できる！ という状態にあなたがなってきたら、徐々に説明できる言葉を増やしていけばよい（これには教科書の索引を使うといいだろう）。すると、教科の内容に

第10章 社会 145

ついてのあなたの周辺情報がどんどん増えていき、論述問題を解くのにもそんなに困らなくなってくるだろう。この状態になると知識が深く長く残ることにつながってくるし、問われ方を変えられても対応できる。

知識の身体化と体系化

以上、❶❷に気をつけて勉強してみよう。すると、テスト前に必死に詰めたのにちょっと時間が経ったらすぐ忘れてしまう、と思っていた社会科の知識も、しっかりとあなたの中に定着し、誰かに説明できるようにストーリーやあらましが残っていく。このような状態が作れれば、仮に細部のワードや年号を忘れたとしても、それを確認するだけで全てピタリとはまってくる。逆にいえば、ただ重要ワードを覚えているだけでは、このようにはいかない。そのようにして、深く長く残る知識をあなたは手に入れることができる。

これらが定着しているかどうかをチェックするにはどうしたらいいだろう。

そのためには、ワードの説明を口に出して言ってみるとよい。もちろん、紙に書いたほうが抜けや間違いがないかをチェックしやすいのは事実だが、どうしても時間がかかる。また、あとで結局入試問題を解きはじめるので、当然そこで解く論述問題で体系的に書けるかどうかは自然にチェックすることになるので最初は口頭で大丈夫だ。

目や脳だけに頼らずに、他の身体の器官を使って知識を身体化することは勉強にとってとても大切だ。身体化とは、学習内容と自分とのつながりを目だけでなく手や口や耳など様々な回路をつないでいくことである。そして、口に出すのは口と耳とを両方使えて、書くよりも時間もかからないのでおトクだ！

　なので、口に出して説明してみること（つまり「独り言」だ）をもっと積極的に使っていくと、時間が短縮できたうえに身体化していくことにもつながる。最終的には書けるようにならなければいけないとしても、「書く」という営みの中にある身体化と体系化という要素をさらに分解し、まずは身体化だけをトレーニングしつつ、やがて体系化（ひとまとまりの文章になること）を練習していくのが、時間短縮への道だ。

　ここまでの内容で、「理解する」「覚える」「解く」がいかに相互につながっているか、という話をしてきた。それらが相互につながっている、という事実が学習において忘れられがちだからこそ、あなたの必死の努力が結果につながっていかないことを悔しく思う。

　そして、だからこそ自学自習の中であなたに意識的に取り入れてほしいのは、やはり「読む」というプロセスである。それは初学のとき、いきなり覚える前にざっくりあらましをつかもう！ というときに役立つだけでなく、重要語句の説明を自分でできるようになったあとに教科書を読み直すこと

においても、覚えた重要語句についての知識が生き生きとつながってくるための重要な手段にもなる。

「読む」という営みは、学習においてアルファ（最初）でありオメガ（最後）である。それなのに、あまりにも読むことを学習の場において、失いすぎてしまっているケースが多いのが残念だ。

自学自習は、その「読む」という大切な取り組みを回復するためのとても大きなチャンスだ。ぜひあなたには、❶❷に気をつけて、覚えて定着させていくためにこそ何度も読むことを実践してもらいたい。そのようにして社会科に取り組むとき、無味乾燥な暗記を大量に押しつけられる科目、というしんどさが減り、手応えを感じていけるはずだ。

···column 4

コラム 4

くじけるとは何か？
正しいくじけ方について

● **くじけるのは悪いことじゃない**

　これまで自学自習の方法論については話してきた。しかし、
方法論がわかっても、勉強を続けていくのはつらい。なんとな
く授業を聞くのならば続けられそうでも、自学自習はひとりで
やっているぶん、くじけてしまいやすいかもしれない。くじけ
たときに励ましてくれる先生がいないのも不安だ……そんな風
に自学自習についてあなたは不安に感じるかもしれない。

　この不安に対してまず話さなければならないのは、「くじけ
る」ということは決して悪いことではない、ということだ。そ
れどころか、くじけることは自学自習に欠かせない。なぜなら
それは、あなたが違和感に忠実だからこそ起きることだから
だ。目の前の教材や授業が今の自分にはフィットしていないと
いう違和感に敏感であるほど、くじけそうになる瞬間はおとず
れる。その点で、くじけることは教材や授業について見直しの

···

149

チャンスを用意してくれる。だからその違和感を見逃すことなく、教材や授業をあなたにとってあなたの既存の知識や理解を「少しはみ出す」くらいのものへと替えていくことが大切だ。

そのときに大切なのが「教材のレベルを下げる（説明が多いものにする）」ということだ。自分が最初に自学自習用に選んだ教材にわからないところが多すぎるのなら、教材を替えたほうがいい。自分自身に合う教材を選ぶことができる、というのが自学自習の良いところだ。レベルを下げたら、そんな教材をやっても無駄になるかも、なんてことはない。あなたの知識や理解を「少しはみ出るくらい」の教材で勉強していくことは、あなたにとってあなたの当たり前を増やしていくことに必ずつながる。迂遠なように見えても、そのようにして、あなたの当たり前を少しずつ増やしていくことこそが、実力をつけていくことにとって必ずプラスになる。

自学自習は、このようにあなたがくじけることを前提としている。どの科目も最初に選んだ教材で順調に実力がついていくはずがない。むしろ、「これはうまく行っていないな……」という事態にぶつからなければおかしい、とさえ言えるだろう。そして、そのようなときに教材を替えたり今の勉強法を見直したりするチャンスが生まれるのは、あなたが「くじけた」ことの恩恵である。結局あなたが最初に選んだ教材でいくら必死に

150

··column 4

頑張っても、レベルが合っていなければその頑張りが何ひとつ
実力として残らないし、つらくなってしまう。だからこそ、痛
みによって身体の異常を知ることができるのと同じように、く
じけることは違和感によって現在の方法の失敗を知ることがで
きる、自学自習に不可欠なプロセスである。

☀ 違和感は大切なサイン

　教材を替えることも、授業を替えることも決して逃げではな
い。根性論を押しつける以外には何もしてくれない大人たちは
「逃げ」という言葉が大好きだが、あなたがそれを真に受けて
しまって自分を責める必要など全くない。あなたにフィットし
ていない教材や授業から仮に「逃げ」なかったとしても、そこ
で失われる莫大な時間や労力は、あなたの実力にはまるでプラ
スにならないし、「逃げるな！」と言った先生たちはもちろん
何も責任を取ってくれない。

　そもそも勉強法というのは倫理の問題ではなく、実際にそれ
で実力がつくか、という技術の問題である。技術の問題を改善
しようとしているあなたに、効果のよくわからない倫理の問題
を押しつけようとする大人がいるとすれば、その動機は、他の
手段を用意しなくてすむ、という大人の側の都合でしかないこ
とが多い。あなたが目の前で困っているのに、他の有効な勉強

··

コラム4　くじけるとは何か？　正しいくじけ方について　　151

法を考える労力すらとらず、さも情操教育も兼ねるかのように精神論でごまかそうとする。そんな無責任なお説教に惑わされて、自身が今の勉強に確かに感じる違和感を見過ごしてはいけない。

　身体の痛みを我慢していては大きな病気の進行を野放しにし、やがて命をも危うくしてしまうだろう。そのように、違和感を我慢することはとても危険だ。あなたがある教材や授業で勉強していて、違和感を覚えるということは、あなたがそれにフィットしていないというあなた自身からのサインでもある。それを無視して「くじけない」ことを目的にしてしまえば、結局何のために勉強しているのかもわからなくなる。そして、やがて取り返しがつかないほどにくじけてしまう。成果の見えない努力を強いられることほど、勝ち目のない戦いはないからだ。

☀ くじけるからこそ、疑える

　一方で、せっかく違和感を覚えて、くじけるチャンスが生じても、間違ったくじけ方をしている場合も多い。これに関してもあなたのせいだけではない。大人は「くじけないように！」ということは口を酸っぱくして話したり激励したりはするものの、あなたがくじけたときにどうすべきかについての方法論や、そもそも正しいくじけ方とは何かということを教えない。それ

では「くじけてしまえばもうおしまいだ……」という誤った考え方を身につけてしまい、何とかくじけないように目の前の勉強についていくことばかりを考えがちだ。

　ここで言う「間違ったくじけ方」とは、くじけたときに、ただ休んで回復だけを図り、回復したらまた同じ方法に取り組もうとすることだ。そもそも取り組んでいる教材や授業があなたにフィットしていないからこそ、今くじけているわけだ。だとしたら、いったん休んで少し回復してからふたたび同じものに取り組んだとしても、休んだ分の遅れがさらに気になってしまって、またすぐに取り組みにくくなってしまうだろう。あなたがくじけた根本的な原因を変えることなく休むのは、失敗への道でしかない。

　しかし、そうした「正常ルート」への「回復」こそが正しい道であるかのような誤ったイメージはとても強い。これはまた、周りの大人がそれ以外のルートを考えたくないだけでなく、あなた自身にも『正常ルート』に戻りたい！」という願望がその根底にあるからだ。戻れるなら別のルートを探す努力をしなくていいからだ。しかし、違和感を覚えつつ努力してもうまくいかずにくじけたとき、それはあなたが今取り組むべきではない勉強法である。くじけたのは、ずっと感じてきた違和感が、ようやく表に出ただけだ。そしてその違和感を無視した

コラム4　くじけるとは何か？　正しいくじけ方について　153

まま休んだだけで戻ろうとしても、「正常ルート」ではみんなはさらに先に進んでいるからこそ、結局どんどんうまくいかなくなってしまう。

　せっかくくじけるのだ。そのようなときこそ、根っこから疑ったほうがよい。あなたの違和感を大切に、あなたが今まで頑張ってきたものを根底から疑い、フィットしない方法は別のものに替えるべきだ。むしろ、くじけることは、そのような根底からの見直しをする機会をあなたに与えてくれる点でありがたいものだとも言える。一生くじけることがないままに生きていける人など、誰もいない。だからこそ、ひとつひとつにくじけたときに違和感の原因について考えるという習慣を自学自習を通じて身につけることはまた、勉強にとどまらず、その先ずっと続いていく人生のために、しなやかさを鍛えていくチャンスをあなたにくれるのだ。

☀ 気持ちの問題ではなく、方法の問題

　もちろん、どこまでやる気がなくなってしまうかは自分にコントロールのできるものではない。ときにはそもそも進学すること、あるいはもっと根本的な生きる動機についても、深くくじけてしまうかもしれない。そのようなときには「くじけるのは見直しの大チャンス！」などと喜ぼうとしてもなかなか難し

い。

　しかし、それを気持ちだけの問題にしてしまわないことが大切だ。それでは「頑張りが足りない！」という例の空っぽな精神論を、今度は自分で自分に押しつけることになってしまう。まだ言葉にもされておらず自覚もできていないどこかで、あなたの具体的なひとつひとつの取り組みが上滑りしていることへの違和感によって自分はくじけるのだ、というそのメカニズムに、何とか思いを馳せよう。そうすれば、必要なのは励ましや動機づけを受けるという気持ちの問題ではなく、フィットしていない具体的な何かを探していくべきだ、という技術の問題ということが見えてくるはずだ。そして、気持ちを変えることはできないが、方法を変えることはできる。

　そのようにして、コントロールできないものを何とか変えようともがくのではなく、コントロールできるものを変えることに集中していこう。そのように、個別の違和感の原因を探し、方法を変えることに集中するとき、あなたはくじけることを通じて自分のありようをアップデートしていくことができる。

　もちろん、本当に苦しいときにはそんなに冷静ではいられないかもしれない。しかし、本当に苦しい状態から感情のケアだけで抜け出ることが決してできないのもまた事実なのだ。

　そのように自分の違和感の原因を探り、方法を替えようとす

るとき、あなたは「励ましてもらわなければならないかわいそ
うな自分」という受動性を脱ぎ捨て、まるで天気のようになか
なか思い通りにはコントロールできない自分を見つめながら、
何とか方法の改善点を見つけようとしていく、もう一人の能動
的な自分を持つことができるはずだ。外から見たら何も動いて
いないように見えても、そのように観察し、考えているあなた
には確かに動き出しを準備するエネルギーが溜まっていくはず
だ。そして方法を替えることに集中していくことが状況を改善
し、やがてはあなたの気持ちをも変えていくことになる。

　勉強に限らず、人はくじけずに生きていくことはできない。
だからこそ、あなたは自分の感じる違和感を大切にし、今まで
のありようややり方を根底から見直すための大きなチャンスと
してくじけることを正しく捉えよう。そして具体的にひとつひ
とつ今までのやり方を改めることに集中していく正しいくじけ
方を身につけていくことが大切だ。それは相手の感情を逆撫で
しないように求められる態度としての反省とは全く別物の、事
実を変えていくために自分自身のありようを反省するという大
切な習慣を身につけてくれる。自学自習はそのようにあなたを
何度でもくじけさせ、そしてその挫折に対して正しいアプロー
チを身につけていく練習にもなっていくと信じている。

第11章 理 科

　最後に理科の勉強法について書こう。といってもここまでの教科の勉強法と重なる部分も多い。たとえば社会で書いた「重要用語を用語だけ覚えるのではなく、ざっくりと説明できるようにしよう」とか、数学で書いた「定理や公式は結果を覚えるだけでなく、それが当たり前になるところまで（教科書や参考書に載っている範囲で）自分で導き出せるようにしよう」とかは、理科についても同じだ。こうした勉強法は、理科においてもそれぞれとてもよく機能する。

具体的な勉強法と時間の使い方

　まず、教科書や参考書を読むことから始めよう。重要な用語の説明をざっくりとできるように読み進め、重要な公式はなぜそうなるのか、それが何を意味しているのかをしっかりと説明できるようにしていこう。ここにおいても社会と同じように言葉だけを覚えていても仕方がない。むしろ重要な用語を説明できることを目指すとよい。

157

理科にも公式が多い科目と少ない科目があるが、大切なのはそれらの公式をただ覚えるだけではなく、意味を言葉や数式、グラフで説明できるようにしていくことだ。そうした努力には最初は時間がかかるだろう。しかし、そのほうが結局は深く長く残っていき、たとえ忘れても意味から自分で考えられるようになるのは数学と同じことだ。

　たとえば等加速度運動での変位を「$v_0 t + \frac{1}{2}at^2$」と覚えるだけではなく、v-t グラフの面積として認識する、というように。そしてなぜ変位が v-t グラフの面積で表されるかと言えば、「速さ×時間＝距離」とつなげられるとよい（もちろん厳密には積分を使うわけだが、これもまずはざっくりでよい）。そのようにじっくりと公式の意味をたどることで忘れにくくなるだけでなく、忘れても再現できるようになってくる。

　逆に意味もわからずに「とりあえず公式だけ覚えれば問題は解ける」をくりかえしたとしても、定期試験ならともかく入試には全く通用しなくなる。もちろん、公式は覚えなくてはならないものだ。しかし、覚えるときに「どうしてそうなるのか？」という内側の論理を鍛えていくことは、忘れにくくし、また思い出しやすくしてくれる。

　また、今の例でもグラフを出したが、理科において教科書や参考書を読むときに特に大切なのはグラフの読み取りだ。これも教科書や参考書にあるグラフを丁寧に追って意味を理解しようとしたり、自分でもグラフを書いたりする習慣をつけることがとても大切だ。本文だけを追って理解したつもり

でいても、グラフの読み取りをおろそかにしてしまっていると、結局理解しにくくなる。使いこなすことができないだけでなく、グラフを与えられての読み取りや自分でグラフを書く問題にも対応できない。そして、グラフを理解するのは、本文を理解すること以上にとても時間のかかるものだ。しかし、それは避けて通れない必要な時間である。嫌がらずにじっくりと時間をかけて、ぶらぶらしながら味わっていくことが大切だ。

このように教科書や参考書をぶらぶらしながら、重要な言葉の意味やグラフのポイント、公式を説明できるようにしていこう。この「読む」というプロセスに理科の場合はどうしても時間がかかる。覚えること、読み取ること、公式の意味を考えることなどに時間がかかるからだ。しかし、それはかけるべき時間だから、しっかりとかけたほうが結局はプラスになる。そのように念入りにぶらぶらしたあとに、問題を解いていくことになる。

問題を解くのはどこでつまずくのかを探すため

問題を解く際に理科と他の教科との最も大きな違いは、数値で計算をすることが多い教科であるということだ。もちろん科目によって違ったり、大学入試か高校入試かによっても違ったりするわけだが、総じて理科において数値計算をする機会は多い。物理こそ数値で計算させる入試問題は少ない

が、化学はもちろんのこと、生物、地学と数値で計算する機会はそれなりに多い。

　だからこそ、一見当たり前ではあるが、この数値での計算のために算数の理解や計算力が必要になる。理科の内容はわかっているのにテストで計算間違いをしたり制限時間に間に合わない、という場合には、この計算力の部分が足を引っぱってしまっている可能性がある。算数の計算練習、特に分数や小数のかけ算、比や割合といった分野は理科においてはとてもよく使うからこそ、それらの分野の復習や計算練習をしていくことが大切だ。これらの単元がしっかりと使いこなせるレベルにある、という中高生は実は想像以上に少ない。

　自分に必要ならば小学生の算数にまで戻って復習をすることができるのも自学自習の強みである。そしてそれがまた、結局は最短ルートだ。理科の勉強とともに、自分にとって苦手な算数の分野の復習や計算練習をしていくことが大切だ。

　算数の理解や計算力にそれほど問題がないのに理科が苦手であれば、問題文を理解して式を立てる部分において、理解度がまだ低い可能性がある。そのような場合には問題をくりかえし解く前に、そもそも用語の定義があやふやになっていないかどうか、公式をただ覚えているだけではなく、意味がしっかりと説明できるかどうかから確認をしていく必要がある。そして、それらを自分の中で当たり前にしていったあとに、問題文から式を立てられるか、という計算抜きのトレーニングだけをひたすら積んでいくのもよい。

また、グラフの読み取りが苦手なら、それだけを練習するのも大切だ。教科書や参考書に載っているグラフのポイントを言葉で説明できるかどうかを練習していく、というのがいいだろう。そもそもグラフの読み取り自体に慣れていないのなら、それだけを練習するための教材、というのも最近はある。それらを使って読み取る練習をしていくとよい。

　つまり、理科の問題を解くときには、問題文（用語であったりグラフであったり公式であったり）を理解するプロセスと計算のプロセスをくっきりと分けることが必要だ。リービッヒの最小律のように、あなたにとって苦手な部分こそがあなたのその教科の実力を決めることになる。どの部分でつまずいているかを明確にし、そこに集中してトレーニングを進めていくことが大切だ。

　言い換えれば、問題を解くのはあくまで自分が複数のプロセスの中のどこでつまずくのかを発見するためのツールでしかない。自分がどのプロセスでつまずくのかを見つけたら、問題演習をいったんやめて、自分が苦手なそのプロセスを集中的に練習することのほうが大切だ。計算があやふやなせいで検算ばかりくりかえしたり、定義や公式があやふやなせいでいちいちそれらを確認したり、というように、自分にとって苦手なプロセスで毎回引っかかり、そこに時間をたくさん費やしてしまうのであれば、結局問題を解く時間をいくらたくさん取っても、あなたの実力を伸ばすことにはあまりつながらなくなってしまうのだ。そのようなときは問題演習をいっ

第 11 章　理科　161

たんやめ、苦手なプロセスの克服にしっかりと時間をかけよう。

　そして苦手なプロセスを克服したあとにはじめて、**反復練習**が必要だ。ここにおいて問題をくりかえし解くことが効果的になってくる。その**反復練習**をするためには、問題集の問題はできるだけ絞って問題数の少ないものを選ぶのがよい。大量の問題では反復する余裕など当然持てなくなるからだ。学校で配られる教材は一般的に問題数が多すぎることが多い。その中でも例題だけ解くとか基本問題だけ解く、というように問題数を絞ってまずはそれを各単元についてくりかえしていくのがよい。はじめから難しい問題まで解ける必要はない。まずはどの分野も基本的な問題が解けるように、問題数を絞ったうえでそれぞれの分野を網羅していくことが大切だ。

　理科はテストのとき、特に時間が足りなくなる教科である。大学入試では2科目セット（「物理と化学」「生物と化学」のように）で解く大学もあるように、制限時間がきついだけではなく、時間配分も難しい。だからこそ反復練習を通じて典型的な問題をどれだけスムーズに手早く解けるようにするか、ということが大切になってくる。そのようにして時間の余裕を作り、見慣れないややこしい問題を考える時間を作っていく、という練習が必要になってくる。

　どの科目でも最終段階で時間を計って問題演習をすることは必要だが、特に理科においてはその問題演習と時間配分の練習の重要性が高い。そのために時間を計って練習するとよ

162　第2部　実践編

いだろう。

　まとめよう。理科の勉強においてもまた、まずはぶらぶら
しながら、重要な語句や公式、グラフを説明できるようにじ
っくり時間をかけていこう。問題を解くときにはその復習の
中で自分に今一番苦手なプロセスが何かを常に分析すること
が大切だ。苦手なプロセスが見つかったら、そこを重点的に
練習することを最優先にしよう。
　その際に算数まであやしかったら、それもしっかり復習し
たほうがいい。問題を解くのは、あくまで自分がどのプロセ
スが弱いかを探すためであり、そのためには問題数を絞り込
んで簡単な問題からやっていくことが大切だ。そのようにし
ていけば、様々な要素を持つ理科の勉強も、自分に必要なも
のを見つけることで、手応えを感じられるようになるはずだ。

コラム 5

なぜ学習法が大切なのか？
努力に逃げないことを頑張る

● 根性か、学習法か？

ここまで様々な学習法の説明をしてきた。しかし学習法にこだわることについて、あなたは胡散臭さを感じるかもしれない。「頑張れば何とかなる！」「できていないのは頑張ってないからだ！」「方法にこだわっている暇があれば努力しろ！」といういかにも大人たちの言いそうな言葉のほうが、ときに人の心を奮い立たせるものだ。それに対して「うまくいく方法を考えよう！」と言われても、どこか嘘くさい。「魔法のような学習法」でも買わされるのかも？ と警戒するかもしれない。

実際、部分的には「うまくいく方法なんて探してないで努力したほうがいい！」と言える状況もある。たとえば英単語の良い覚え方をさんざん説明されても、それを実行しないのであれば、実力がつくはずがない。覚える系の勉強なら、効率の良い覚え方なんか知らなくても、とにかく根性でくりかえしていれ

164

ば、何とかなる部分もある。もちろん、覚えることですら、分量が増えたり範囲が広くなったり、長期になったりすれば途端に通用しなくなってしまうわけだが、たとえば目前の定期試験や小テストの勉強くらいなら乗り切ることぐらいはできる。すると、目の前の結果だけを見れば、そうした「とにかく努力が大事！」という姿勢も案外悪くないように思える。

そして大人の側にも、学習法にこだわらずに「頑張れ‼」とあなたに言いたくなる動機がある。なぜならあなたの実力がつかない理由についてあれこれ分析して解決策を探すのは本当に難しいことである一方で、励ましなら多くの場合、喜ばれるからだ。一人ひとりに的確に学習法のアドバイスをするのは本当に難しい。その人が今何に困っているかを丹念に聞いていかねばならない。あるいはそもそも自分が現在行っている指導自体も、その人の今のレベルに合っているかどうかまで疑わねばならなくなる。それに比べて「頑張れ‼」は、間違えることの少ないアドバイスだ。そりゃ誰だってもっと頑張ったほうがいいわけだから。もちろんあなたのことを本気で心配して励ましてくれる大人もいるだろう。しかし、「頑張れ‼」はハズレの少ないアドバイスでもあるので、言いやすいというのもまた、事実だ。

こうして、「頑張れ！」「頑張ります！」という言葉のやりと

コラム5　なぜ学習法が大切なのか？　努力に逃げないことを頑張る　165

りだけが続けられていく。そして、あなたは自分にとって適切な学習法を考えることから目を背けることになる。「とりあえず今の方法を続けて頑張れば大丈夫！」と思いたいあなたと、「頑張れ！」と言っておけばいいという大人との双方が、あなたに必要な学習法とは何かについて深く考えずに既存の方法で頑張ることへと、あなたを駆り立てていく。

　しかし、この結果はどうなるのだろう。

● 安直な精神論に逃げ込まない

　ここまで本書で書いてきたように、実力をつけるためには努力の時間や量だけではなく、その質や方向性を考えることが必要だった。「10回くりかえしても覚えられない？　なら20回だ!!!」的な根性論は、勉強する科目や範囲が増えれば増えるほど実現不可能になってくる。人間の時間や努力というリソースは有限であるからだ。それなのに、まだまだこうした根性論が根強いのはなぜだろう。

　それは、「頑張る」が魔法の言葉だからだ。それは心に灯をともす。そしてそれは言われている側だけではなく、言っている側にもまたそうらしい。励ましていれば、何か役に立てている気がしてしまう。お互いに満足感がある。

　そしてだからこそ、この言葉はとても危険だ。方法について

....column 5

考えたり反省したり、という努力をせずに、頑張れば何とかなるという根拠のない希望に逃げ込むことを助長してしまう。そうした精神論に逃げ込むことで、問題を解決する具体的な方法を探ることから逃げる、という失敗を日本人は昔からしがちなのかもしれない（竹やりなんかで B29 相手に戦おうとさせて／させられていた 80 年前から、わたしたちはあまり進歩していないのかもしれない）。

　また、教える側からすれば、「彼／彼女がうまくいかなかったのは頑張っていなかったからだ」という結論に逃げ込むこともできてしまう。しかし、一体どこまで頑張ったら、実際に頑張ったことになるのだろう。「結果」が出たら、なのだろうか。だとすると、「結果の出ない頑張りは、頑張りではない！　なぜなら一流は結果が出るまで努力するからだ」などという一見かっこよさげな言葉まで使えば、教える側は生徒に対して正しい学習法を提示できていない責任を何ひとつ持たなくてすむことになる。しかし、勉強の成果はベクトルのように向き（方向性）と大きさ（頑張り）の 2 つの要素で決まる。結果が出ないのは頑張っていないからではなく、正しい方向性を示せていなかったからではないか（その可能性について、教える側は常に厳しく自省しなければならない）。

　そして、これは教える側だけの問題ではない。あなたも自分

....

コラム 5　なぜ学習法が大切なのか？　努力に逃げないことを頑張る　167

の努力がうまくいかないことに対して、「でも、今の方法でもっと頑張ればうまくいくはず！」と思い込んで、自分を安心させていてはならない。あなたの頑張りがうまくいかないのは、あなたの方法が間違っているせいである可能性のほうが、はるかに高いのだ。わたしが教える中でも「学習法は正しいが、単に努力が足りていないだけ」という生徒はほぼ皆無だ。それはごくごく一部の飛び抜けて賢い人でしかない。ほとんどの人は学習法について考えることなく、与えられた方法のままに必死に頑張り、そしてうまくいっていない。そのまま勉強時間をいくら増やしても、方向性が合っていなければ決して実力などつくはずがない。「頑張ればなんとかなるはずだ！」はあなたにとって何が必要であるかを考える、という面倒くさくて不安を感じる取り組みを忘れさせてくれる魔法の言葉であるがゆえに、ついついそのように疑えなくなってしまう。

☀ Stop to think. Don't stop thinking.

たとえば「わたしは1日12時間、毎日勉強している！」という人がいたとして、それは頑張っていることになるのか、を考えてみよう。もちろん誰にでもできる努力ではない。しかし、それで成果が上がっていないのなら、それは努力をすることに満足しているだけだろう。一方で1日3時間の勉強で合格する

受験生もいる。こんなに「努力」に差があれば、あなたは「勉強が得意な人はズルい!!」とさえ思うだろう。才能や「地頭（じあたま）」の差のせいにしたくなるかもしれない。

　しかし、1日3時間の勉強で合格する人は、その短い時間を徹底的に考え抜いて作戦を立てている。短い勉強時間であるほど、漫然と勉強して実力をつけることは決してできない。一方で1日に12時間勉強する人でそのように考え抜いて勉強法を作り込んで勉強している人はほとんどいない。何となく手を動かして書き写していたり、理解もできないままひたすら覚えようとしていたり、要はここまでに書いてきたような自学自習法からはかけ離れた方法で、ひたすら勉強時間を浪費してしまっていることが多い。

　学習法は、サボりたいという気持ちから生まれる。発明が人間の怠惰さから生まれるように、だ。嫌いな勉強でもできるようになるためには効果的な学習法を考えるしかないので、勉強が嫌いな人ほどにそこを考えている。一方で与えられた学習法を疑わずに努力だけで突破しようと時間をかける人ほど、その学習法が自分に合っているのかは考えない。その方法自体を信じているから長時間の勉強に取り組めているので、方法を疑うのがあまりにも怖くなるからだ。その結果として、うまくいっていない方法を見直すことができなくなり、多くの努力を費や

しても、何ひとつ自分の実力を鍛えることには結びつかないことになる。

　努力には、ある方法を信じてそれを遂行する努力と方法自体について考える努力の2種類があるとして、人は遂行する努力をしているときは考える努力ができないし、考える努力をしているときは遂行する努力ができない。そして大切なのは、stop thinking（考えるのをやめる）ことではなく、stop to think（考えるために立ち止まる）ことだ。

　だとすれば、その学習法が今の自分に必要かどうかを考えないままに、学校や塾の先生の言葉をとりあえず信じて努力する、というのは実は一面的にしか努力できていない、とも言えるだろう。勉強時間の違う2人の例でいえば、わかりやすい努力をしているのは12時間の人だろう。しかし、そのわかりやすさが危険だ。時間や労力をかけることを努力だと捉えるのは、先生にも親にも自分が努力していることは認めてもらえるので、とてもラクな努力だ。他人から見てもとても見えやすい。そして、受験結果がうまくいかなくても、「あんなに頑張ってたんだから…　」と慰めてもらえる。すると、勉強法を考えて実力をつける必要性にはなかなか目が向きにくくなる。

　もちろん、普段あなたは「結果なんかじゃなくて、自分の努力を認めてほしい！」と感じることのほうが多いだろう。確か

に学校や塾の先生、あるいは親が定期試験や模試の結果しか見ないで、「こんな成績じゃダメだ！もっと勉強しなさい！」しか言わないことにうんざりするかもしれない。努力をしたことが結果としてまだ出ていなくても、それでも努力している姿勢は評価してほしい！ というその気持ちはとてもよくわかる。それはひとえに、印字された成績表のような「形」になってしかあなたの努力を見ることのできない、大人たちの見る目のなさのせいである。

● 努力が認められる社会は本当に優しいのか

しかし、一方であなたがいつまでも結果を出せなかったとしても、「こんなに努力したんだから……」と誰かに認めてもらうことで自分が評価される社会というのは、本当に優しい社会、健全な社会だと言えるのだろうか。

あなた自身の将来に目を向けよう。あなたが何らかの職業につき、強い思いがあって努力を積み重ねていても、それがあなたの実力を鍛えることにつながっていなければ、結局あなたは誰かの力になることはできない。そして、思いがあることで自分の力の足りなさを許してもらえるのだとしたら、そのような社会は優しい社会ではなく、逆にとても抑圧的な社会である、とも言える。それは、（たとえば「勉強時間」という）画一的な

コラム5　なぜ学習法が大切なのか？ 努力に逃げないことを頑張る　171

評価基準で、1日に3時間しか勉強しないで合格する人を排除する社会でもある。授業中寝ているけどテストの点数は取れる人を、授業中一生懸命先生の話を聞いているけれどもテストの点は取れない人よりも成績を低くする社会でもある。努力そのものを評価する、というときには必ず評価者にとって見えやすい努力だけが評価されてしまうことになる。授業中寝ていてもテストの点数が取れる人が、本当に見えないところで努力してないとでも言うのだろうか？ あまりにもナンセンスでしかない。そしてあなたは、そんな大人のご機嫌取りをして生き延びねばならないことにこそウンザリしてきたはずだ。そんな社会は地獄だ。

　思いだけでも、力だけでもダメなのだ。思いに力が伴っていなければ、あなたの思いは評価者にえこひいきされるためのものにしかならない。力に思いが伴っていなければ、あなたの力はあなたの優越感以上の何も満たさない。その両方が必要だ。そして、そのことを忘れて思いを「努力」という形で評価しようとする社会は、一面的な価値観をあなたに押しつける暴力的な構造にしかなりえないのだ。

● 自分の実力をつける方法を考え抜く

　自学自習の話に戻ろう。あなたが誰にも依存しないために

．．column 5

は、自学自習で実力をつける必要があることは、「はじめに」で述べた。学習法が正しくないままに実力がつかず、努力だけを評価してもらわねばならないなら、あなたは評価されやすい努力を見せつづけて生きねばならないことになる。そのような努力を通じて得られるあなたの自由は、評価する人の主観にすり寄るものでしかない。それは評価する人が変われば、カンタンに失われる程度の自由である。そのような不確かな隷従への道をあなたに勧めることは、決してできない。

　逆に言えば、安直な努力に逃げて自己満足に陥ることなく、結果を出すために学習法を考えて力をつけることは、見えやすい努力がなくてもあなたの必要性を他の人に納得させることができるようになる、ということだ。そしてそれは、人が人を評価するということが常に不完全でしかなく、自らとの近さにすぎないものを「優秀さ」だと勘違いしがちであるという失敗の常をも乗り越えて、あなたを守ることができる。つまり、基準の不確かな面接試験などのために、自分の心を殺して従順さや忠誠心をアピールする必要がなくなる、ということだ。

　そのようにして、正しい学習法をあなたが模索していくことは、実はこの社会全体を狭い枠に閉じ込めることを防ぐ。「コミュニケーション能力」「勤勉さ」「従順さ」などといったわかりやすく画一的な価値観による選別が支配的になれば、その社

会の未来は暗い。実力がつかないままに評価者への従順さと他人に見せるための努力だけで評価される社会は、実は人々に心を殺させることで活力や競争力を自らどんどん削いでいく社会でもあるからだ。そこではその画一的な基準で評価されない人だけでなく、評価される人もまた苦しんでいる。そして、そのような社会はやがて、他の社会に淘汰されるだろう。そのようなこの社会の失敗を、あなたはなぞる必要がない。

「頑張る」という言葉の「頑」は、「頑な」とも読む。この言葉が「努力する」と同じ意味で使われるのは、同質性が強い日本において、完全には同化しきらないことには努力が必要であるからかもしれない。周りと同じ努力をして安心するのではなく、お仕着せの努力をいったんは拒絶して、自分が力をつけていくために何が必要かを考え抜いていくこと、それこそが本当の意味で「頑張る」ことではないだろうか。

しかし、ほとんどの頑張りは、方法をしっかり考えないままに時間と努力というリソースを投入することが自己目的化してしまっている。それでは失敗を許してもらうために、次の失敗を準備しつづけるような努力になってしまう。まるで成績が悪かったときの救済措置としての大量の宿題にあまりに時間を奪われて、テスト勉強ができずに失敗するかのように、だ。適切な方法が提示されることもなく、努力だけをあなたに強いたう

えで、失敗の責任は全てあなたの努力不足のせいにされるのなら、それは大人が理不尽であるだけだ。しかし、あなたが学習法について考えないのは、考えのない大人の共犯者としてあなた自身の可能性を台なしにすることでもある。

　あなたが遂行する努力に溺れずに、立ち止まる努力をできることを心から願っている。そしてそのためには、あなたに必要な学習法を徹底的に探し、考え抜くことこそが大切であるとわたしは考える。

コラム5　なぜ学習法が大切なのか？　努力に逃げないことを頑張る　175

おわりに

　最後の最後になるけれど、今さら少しだけ、わたし自身の話をしてみたい。

　この本を書いている今、わたしは30歳で、ひとりで国語教室を運営している。16歳のとき、この本の共著者である柳原浩紀先生の塾に生徒として通っていた。そして、そこではじめて勉強をするようになった。

　それまでのわたしは、学校という場所の持つ様々な要素に納得がいっていなかった。そしてそれを理由に、勉強しないことを自分によしとしていた。先生の言いなりに勉強をし、たかだかいかに忠実に板書を丸写しにできたか（もしくは、誰かが丸写しにしたノートを回し読みできるだけの人間関係の中に属せているか）をチェックしているにすぎないテストの点数を競わされるだなんて、虫唾が走ると思っていた。なにより、従わずにいるためと言い逃れてなにもせずにいるのは楽だったし、なんなら勉強をしようとしない自分自身を、ちょっと誇らしく思ってさえいた。あなたももう気づいていたかもしれないけれど、「はじめに」で書いた「抵抗するために学ば

ずにいたのだとしても、そのことによって結果的に抵抗しつづける力を奪われることになる」というのは、まずは他でもないわたし自身のことだ。

けれど、勉強することでそこを抜け出せました！ 先生に感謝！ 努力は最高！ とか、そういう嘘っぽいコマーシャルみたいなことを言うつもりはない。正直に言うと今もまだ、勉強しなくてはならないことがたくさんあり、読むには力が足りない文章がたくさんあって、そしてそれをしのぐほどたくさん、「勉強なんかしなくてもいい」とわたし自身を言いくるめようとするもっともらしい理由が、頭の中にある。けれど机に向かわなくても、ただ生活しているだけで、どうしたらいいのかわからないことに行き当たる。そのたび、自分の勉強の足りなさ、そして怠惰さが、自分自身で嫌になる。そのくりかえしだ。

そのうえで、あなたに言いたい。それでもわたしは、勉強を始めてよかったと思っている。一度始めたことなら、たとえ自分の足りなさにうんざりしながらであっても、必ずふたたび始めることができるからだ。そしてなにより、勉強を始めてみなければ、自分の足りなさにさえ気づくことができなかったと思うからだ。

だから自信を持って言える。あなたがもし勉強を始められたならそれは、あなたはこれからも何度でも勉強を始められるということだ。

勉強することが、今の自分に足りない部分を補い、誤った

部分をたえず修正していくことであるとするのなら、たとえ無数のしない理由に打ち克ったとしても、いや打ち克てばこそ、あなたもこれから何度も自分の足りなさに行き当たり、何度もがっかりするだろう。けれどそれこそが、あなたが勉強しつづけるために必要なのだ。

　仕方ないと思って苦しみに耐えろ、というのではない。勉強するためにこそ、あなたは自分自身の足りなさと付きあわなくてはならない。「思い出すためには、忘れなければならない」のと同様に。言い換えれば、足りなさがあるからこそ、あなたは勉強ができるのだ。

　だから、あなたに向かって書いている。多くの人がなんとなく従えてしまう学校にさえ、簡単には従えないあなただ。学校を出たら、もっとたくさんの納得しがたいことに気がつくだろう。従いたくないと思うこと、どうしたらいいかわからないと思うこと、いっそなにもせずにいてしまいたいと思わせるようなことに、あなたは出会わずにはいられないだろう。そのあなただからこそ、勉強してもらいたい。群れから逸れてしまうあなただからこそ、だ。「あなたに本当に自由でいつづけてもらいたいと思うから」と「はじめに」では述べたけれど、それだけじゃない。あなたに、世界をもっと自由な場所にしてもらいたいと思うからだ。

　もしも、ある群れからはうまく距離を置くことができたとしても、誰とも関わりあいにならずに生きることはできない。

すると、ある群れに縛られずにいるためにできるのは結局、別の群れに加わることであったり、もしくは新たな群れをあなた自身が作ることであったりする。ひとつの群れに縛られる必要は全くないとしても、であればなおさら他の人々と知りあい、よりよい群れを作る工夫をしていくしかない。世界をもっと自由な場所にしてもらいたいとは、そういうことだ。

　わたしは期待している。群れから逸れることのできるあなたが、ときに逸れながらもしぶとく、よりよく生きつづけることを、希望にほかならないと思っている。

　最後に。この本は主に中学生に向けた「自学自習のための参考書・問題集リスト」を作り、ウェブ上に公開したところから始まりました。そして、それが必要だと気づかせてくれたのは、教室や学習支援でお手伝いをしているフリースクールで出会った、学校に行かないことを選んだ小中学生のみなさんでした。みなさんが学校という場を離れてなお勉強を始めようとする姿は、大げさでなく、人間にあって最も美しい姿だと思いました。その感動がこの本の根源にあります。

　彼ら彼女らをはじめとする、今いる場所にはいられないと思ってなお新しい場所を目指そうとする全ての人たちに、心からの尊敬をこめて。

向坂くじら

　　　　＊　　　＊　　　＊

　まず、こちらの担当したパートについて（これでも）ずい
ぶんと読みやすくしていただいたことを向坂さんに感謝した
い。教え子でもあり、教育へと人生を懸ける同志でもある向
坂さんとはほとんどの場面でスムーズにコミュニケーション
ができて大変ありがたかったが、そのプロセスの中でめず
らしく理解されにくかったのは「内側の論理」「外側の論理」
という、わたしが使った用語法だった。

　元から自分が持っている知識を用いて類推するのを「外側
の論理」、学習内容の中でのつながりによる推論を「内側の
論理」とする用語法は、わたしが作ったものの、確かにやや
こしい。自分自身で元から持っている知識こそ「内側」であ
るように思うのが自然だろう。しかし諸々考えたあげく、や
はりわたしにはこのほうがしっくりくる。

　なぜなら、学ぶとは、学ぶ内容の中でのつながりを「内側」
と認識することでもあるからだ。自己の主観を唯一の内側に
せずに、他者の中に内側があることを認識する姿勢がこの用
語法には現れている。

　他者として現れる学ぶ内容を自分の中に血肉化していくた
めには、他者の中に「内側」があることに思いを馳せつづけ
なければならない。そのようにして他者の「内側」を意識し

おわりに　181

ては取り入れようと悪戦苦闘することが、自分というものの再定義にもなり、わたしたち自身をも広げていくことになる。

　学ぶことにはそのような可能性がひらかれている。もちろんそれは、この本でもさんざん述べてきたように、一朝一夕にうまくいくものではないし、とても面倒くさい。また、危うさもはらむものだ。自分というものの広がりは、ともすれば脇目もふらずにひとつの目的に向けて生きるという楽なルートからは外れてしまうかもしれない。あるいは、自分が変わらないままでいることを正当化するために、勉強が利用されてしまうことがとても多いのも事実だ。

　しかし、それでも学ぶことは本来、あなたの人生を支えるためだけのものではなく、あなたが他者やこの世界と出会う可能性をひらくものでもある。それは希望であるだけでなく、この広い宇宙の中でとりあえずは知性を与えられて生まれたわたしたちに課せられた責任であるのかもしれない。勤勉さとエゴイズムの共犯関係を疑うあまり、怠惰さを「鎧」として選ぶしかなかったあなたにもそれが少しは伝えられているのなら、この上なくうれしいことだ。そのようなあなたは、かつての向坂さんや、かつてのわたし自身でもあるからだ。

　閉塞した部分社会からの孤立を恐れずに有機的連帯を求めるためには、わたしたちは勉強をしつづけなければならない。それを伝えることこそが制度疲労に陥った社会を超えて新たな社会を準備するために、教育が担うべき役割であると思う。

最後に、この本を担当編集として温かく見守ってくれた明石書店の深澤孝之さん、著者以上に精密な目で批判し鍛えつづけてくれた神戸大学大学院教授であり畏友である谷口隆さん、そしてわたしが教育の道に携わる直接のきっかけとなった恩師である奥田猛先生に、心からの感謝の気持ちを示したい。

柳原浩紀

●○● 参考文献 ●○●

『エミール』J. J. ルソー（岩波文庫）

『時間と自由』H. ベルクソン（岩波文庫）

『道徳と宗教の二源泉』H. ベルクソン（岩波文庫）

『社会分業論』E. デュルケム（講談社学術文庫）

『教育論』B. ラッセル（岩波文庫）

『子どもの算数、なんでそうなる？』谷口隆（岩波書店）

『マインドストーム：子供、コンピューター、そして強力なアイデア』シーモア・パパート（未来社）

『社会学はどこから来てどこへ行くのか』岸政彦・北田暁大他（有斐閣）

『嫌われた監督：落合博満は中日をどう変えたのか』鈴木忠平（文春文庫）

『独学大全：絶対に「学ぶこと」をあきらめたくない人のための55の技法』読書猿（ダイヤモンド社）

『文章を理解するとは：認知の仕組みから読解教育への応用まで』甲田直美（スリーエーネットワーク）

●○● 教材リスト ●○●

すべての教材を網羅できているわけではないので、具体例としていくつかを。教材の選び方を参考にして、自分でも選んでみよう。

●中学英語

【英文法】…英文の書き換えや問題ばかりのドリル形式のものではなく、英文法の説明が充実していて読み返せるものを選ぶことが大切。

『高校入試とってもすっきり英語』永山泰士（旺文社）

『これでわかる中学英文法』（文英堂）

【単語・熟語】…単語の読みにカタカナがついているものがよい（発音記号だけだとハードルが高い）。

『ハイパー英語教室中学英単語1600』大岩秀樹・安河内哲也（桐原書店）

『高校入試 でる順ターゲット中学英単語1800』（旺文社）

●高校英語

【英文法】…読み返すための総合英語の参考書を1冊決めて、あやふやなことは調べて読もう。ここでも、いきなり問題集を解いてしまうのはよくない。

[初めの1冊]…ページ数が少なくて説明の割合が多い1冊を選び、くりかえし通読しよう。

『高校の英文法が1冊でしっかりわかる本』肘井学（かんき出版）

[詳しく知るための1冊〜入試まで]…わかっていない文法事項や単元が見つかるたびに読んでいこう。

『ジーニアス総合英語』中邑光男・山岡憲史・柏野健次（大修館書店）
『総合英語 Evergreen』（いいずな書店）
『SKYWARD 総合英語』佐藤誠司（桐原書店）

[問題集]
『英文法入門10題ドリル／基礎10題ドリル』田中健一（駿台文庫）

【英単語・熟語】

[単語]…単語帳は接頭辞・接尾辞が載っているものがよい。大きく分けるとレベル別（頻度順）になっているものと、似た意味の単語を並べるものとで流派が2つある。長く記憶に残りやすいのは後者だが、即効性が高いのは前者だ。単語学習へのモチベーションが低ければ前者、高ければ後者がおすすめだ。また、大量の単語が載っている単語帳（たとえば『鉄壁』）をやろうとすると挫折しやすい。どの単語帳もまずは見出し語だけでよい。見出し語という記憶の「幹」を作ってから、そこに派生語という「枝葉」をつけていこう。

『ターゲット1400』『ターゲット1900』（旺文社）〈頻度順派〉
『データベース4500』『データベース5500』（桐原書店）〈関連語派〉
『必携 英単語 LEAP Basic』『必携 英単語 LEAP』竹岡広信（数研出版）
〈関連語派〉

[熟語] …単語と単語の組み合わせから熟語の意味を引き出しているもの、前置詞や副詞のイメージを説明してくれているものがよい。

『入試英熟語1100』田中茂範・阿部一（Gakken）

【英文解釈】…文法的な説明が多いもの、品詞分解を丹念にしてくれるものがよい。スムーズな意訳など初学の段階ではできなくてよい。品詞分解と構文がとれて、ざっくり意味がわかれば十分だ。

『英文解釈教室（入門編）』『英文解釈教室（基礎編）』『英文解釈教室』伊藤和夫（研究社）

『基礎英文のテオリア』石原健志・倉林秀男（Z会）

『英文解釈のテオリア』倉林秀男（Z会）

『英語長文のテオリア』倉林秀男・石原健志（Z会）

『大学受験のための 英文熟考（上・下）』竹岡広信（旺文社）

● 数 学

定理や公式がなぜそうなるのかが書いてある教科書・参考書から始めよう。問題数もまずは少ないほうがよい。

【中学数学・教科書／参考書】…教科書でもまだ問題数が多ければ、例題だけでも説明できるようにしよう。

『体系数学1 代数編』『体系数学1 幾何編』『体系数学2 代数編』『体系数学2 幾何編』（数研出版）※市販の答えのついているものを選ぼう

『中学校3年間の数学が1冊でしっかりわかる本』小杉拓也（かんき出版）

『塾よりわかる中学数学』小倉悠司・田村高之（KADOKAWA）

【中学数学・問題集】…問題集はさらに難しい問題を解く準備ができたときのためだ。

『高校受験 合格への201 入試によく出る数学』佐藤茂（ニュートンプレス）

【高校数学・教科書／参考書】…教科書や参考書など定理や公式がなぜそうなるのかを書いてあるものを選ぼう。

『体系数学3 数式・関数編』『体系数学3 論理・確率編』『体系数学4』『体系数学5』(数研出版)

『ゼロからはじめる数学1・A』小倉悠司(KADOKAWA)

『やさしい高校数学(数学Ⅰ・A)』きさらぎひろし(Gakken)

『やさしい高校数学(数学Ⅱ・B)』きさらぎひろし(Gakken)

『高校の数学Ⅰ・Aが1冊でしっかりわかる本』『高校の数学Ⅱ・Bが1冊でしっかりわかる本』小杉拓也(かんき出版)

【高校数学・問題集】…問題集も「なぜその解き方を思いつくのか」の思考回路が書いてあるものを選ぼう。分厚い網羅系の問題集は初学者には使いこなすのが難しい。実力がついてから取り組もう。

『ゴールデンルート 数学ⅠA・ⅡB(基礎編/標準編/応用編)』高梨由多可・橋本直哉(KADOKAWA)

『ほぼ計算不要の思考力・判断力・表現力トレーニング(数学ⅠA/数学Ⅱ/数学BC/理系微積分)』吉田信夫(東京出版)

『入試問題を解くための発想力を伸ばす解法のエウレカ(数学Ⅰ・A/数学Ⅱ・B+ベクトル)』竹内英人・小倉悠司(Gakken)

● 国 語

国文法や古文もいきなりドリルではなく、説明が充実したものを選ぼう。

【中学国語】

『これでわかる中学国文法』(文英堂)

『とってもすっきり古文漢文』(旺文社)

【高校国語】…現代文は語彙と要約力を鍛えることが大切。古文単語は漢字の意味や基本的イメージから訳語が引き出されるものを選ぼう。漢文はまずは句型をきっちり覚えよう。

『高校の漢字・語彙が1冊でしっかり身につく本』土井諭(かんき出版)

『マンガでわかる現代文重要単語(基礎編/発展編)』小池陽慈(KADOKAWA)

『無敵の現代文 記述攻略メソッド』小池陽慈(かんき出版)

『望月光の古文教室（古典文法編）』（旺文社）
『ゼロから覚醒 はじめよう漢文』寺師貴憲（かんき出版）

● 社 会

まずは読んで理解できるものを。教科書は入試のストライクゾーンを知るために必須だが、教科書がわかりにくければ読みやすい参考書を探して始めよう（マンガでもよい）。くりかえし読み、流れが説明できるようになれば、教科書の重要語句の説明をしていこう。

【中学社会】
『教科書』
『やさしくまるごと中学社会』渡部迪恵（Gakken）

【高校社会】
『教科書』
『中学から使える 詳説日本史ガイドブック（上・下）』野島博之（山川出版社）
『一度読んだら絶対に忘れない世界史の教科書』山﨑圭一（SBCreative）
『一度読んだら絶対に忘れない日本史の教科書』山﨑圭一（SBCreative）
『地理B 講義の実況中継①・②』瀬川聡（語学春秋社）
『高校 マンガとゴロで100％丸暗記 世界史年代』（受験研究社）
『高校 マンガとゴロで100％丸暗記 日本史年代』（受験研究社）

● 理 科

社会と同じで、まずは読んで理解できる参考書から。教科書はとてもまとまっているが、社会よりも理科のほうがとっつきにくいかもしれない。初学のときではなく、問題を解いたりして身についたあとに。知識の整理として使おう。

【中学理科】
『教科書』
『やさしくまるごと中学理科』池末翔太（Gakken）

【高校理科】

『宇宙一わかりやすい高校化学（理論化学／無機化学／有機化学）』船
　登惟希（Gakken）

『宇宙一わかりやすい高校物理（力学・波動／電磁気・熱・原子）』鯉
　沼拓（Gakken）

『宇宙一わかりやすい高校生物（生物基礎）』船登惟希（Gakken）

『大学入試 漆原晃の物理基礎・物理が面白いほどわかる本（力学・
　熱力学／電磁気／波動・原子）』（KADOKAWA）

『坂田薫のスタンダード化学（理論化学／無機化学／有機化学）』（技術
　評論社）

『理解しやすい生物＋生物基礎』浅島誠、武田洋幸（文英堂）

『生物合格77講』田部眞哉（ナガセ）

『教科書』

【高校理科・問題集】…問題数が少ないものをくりかえし解こう（そうした教
　材が見つからなければ、「例題だけ」のように問題数を絞ってくりかえし解く
　のでもよい）。

『ゴールデンルート 物理（基礎編／標準編）』佐々木哲（KADOKAWA）

『ゴールデンルート 化学（基礎編／標準編）』松原隆志（KADOKAWA）

『ゴールデンルート 生物（基礎編）』緒方隼平（KADOKAWA）

『良問の風 物理』浜島清利（河合出版）

『化学頻出スタンダード問題230選』西村能一・酒井俊明（駿台文庫）

『生物問題集 合格177問（入試必修編）』田部眞哉（ナガセ）

参考文献／教材リスト　189

●著者略歴 （五十音順、【 】は文責）

向坂くじら （さきさか・くじら）

詩人。「国語教室ことば舎」（埼玉県桶川市）代表。著書に第一詩集『とても小さな理解のための』（百万年書房）、小説『いなくなくならなくならないで』（河出書房新社）、エッセイ集『ことばの観察』（NHK出版）など。Gt.クマガイユウヤとのユニット「Anti-Trench」朗読担当。1994年名古屋生まれ。慶應義塾大学文学部卒。【第2章・第5章・第9章・コラム1・コラム3】

柳原浩紀 （やなぎはら・ひろき）

1976年東京生まれ。東京大学法学部第3類卒業。「一人ひとりの力を伸ばすためには、自学自習スタイルの洗練こそが最善の方法」と確信し、一人ひとりにカリキュラムを組んで自学自習する「反転授業」形式の驀心塾（きょうしんじゅく）を2005年に東京・西荻窪に開く。勉強の内容だけでなく、子どもたち自身がその方法論をも考える力を鍛えることを目指して、小中高生を指導する。【第1章・第3章・第4章・第6章・第7章・第8章・第10章・第11章・コラム2・コラム4・コラム5】

群れから逸れて生きるための自学自習法

2025年3月25日　初版第1刷発行
2025年5月30日　初版第3刷発行

著　　者　　向　坂　く　じ　ら

　　　　　　柳　原　浩　紀

発　行　者　　大　江　道　雅

発　行　所　　株式会社　明石書店

〒101-0021　東京都千代田区外神田6-9-5
電　話　　03 (5818) 1171
Ｆ Ａ Ｘ　　03 (5818) 1174
振　替　　00100-7-24505
https://www.akashi.co.jp/

装丁　　　　清水肇 (prigraphics)
装画　　　　　　花松あゆみ
印刷・製本　モリモト印刷株式会社

（定価はカバーに表示してあります）　　　　　ISBN978-4-7503-5914-4

JCOPY　〈出版者著作権管理機構　委託出版物〉
本書の無断複製は著作権法上での例外を除き禁じられています。複製される場合は、そのつど
事前に、出版者著作権管理機構（電話 03-5244-5088、FAX 03-5244-5089、e-mail: info@jcopy.
or.jp）の許諾を得てください。

ガザの光 炎の中から届く声

リファト・アルアライールほか 著
ジハード・アブーサリーム、ジェニファー・ビング、
マイケル・メリーマン＝ロッツェ 監修
斎藤ラミスまや 訳　早尾貴紀 解説

■四六判／上製／364頁／◎2700円

● 内容構成 ●

燃やされているのは学校や病院だけではない。人々が、物語が、記憶そのものが焼かれているのだ。侵攻目前に書かれた記録から、私たちは何を聴き取るべきなのか。パレスチナ人作家たちが〈未来〉に向けて遺した、比類なきメッセージ。

ガザは問う——いになったら過ぎ去るのか／なぜ私たちは今もスマホを握りしめて録画し続けるのか／永遠に続く一時性という悪循環を打ち砕くこと／ぼくの足をもう踏まないで／失われたアイデンティティー 農民と自然の物語／どうしてあなたたちはまだここにいるの？／ガザ地区の戦争被害を受けたコミュニティにとって実験的なデザインが持つ倫理的意義／ガザの暗闇に人々が灯す光／パレスチナ人の権利を取り戻し、生活の質を向上させるツールとしての人工知能〈AI〉／輸出品はオレンジと短編小説——ガザの文化的闘い／五一日間続いたものの中で／移動制限というナクバ——ガザ 過去を振りかえることこそが未来への道／夢を見させて／二〇五〇年のガザ——三つのシナリオ／瓦礫を押しのけて咲くバラ

横道誠著
発達障害者は〈擬態〉する
抑圧と生存戦略のカモフラージュ
◎1800円

和合亮一著　佐藤秀昭写真
私とあなた ここに生まれて
◎1300円

温又柔・木村友祐著
私とあなたのあいだ いま、この国で生きるということ
◎1700円

ソ・コミ著　金みんじょん、宮里綾羽訳
誰もが別れる一日
◎1700円

ガート・ビースタ著
亘理陽一、神吉宇一、川村拓也、南浦涼介訳
よい教育研究とはなにか 流行と正統への批判的考察
◎2700円

山口裕之著
「大学改革」という病 学問の自由・財政基盤・競争主義から検証する
◎2500円

荒木優太編著
在野研究ビギナーズ 勝手にはじめる研究生活
◎1800円

マシュー・スチュワート著　稲岡大志訳
マネジメント神話 現代ビジネス哲学の真実に迫る
◎3600円

〈価格は本体価格です〉